本书得到江西省高校人文社会科学研究项目"基于管理者特质的公司资本结构决策行为研究"（项目批准号：JJ162018）的资助。

经·济·学·论·丛

管理者特质与公司资本结构决策

GUANLIZHE TEZHI YU GONGSI
ZIBEN JIEGOU JUECE

刘元秀——著

知识产权出版社
全国百佳图书出版单位
—北京—

图书在版编目（CIP）数据

管理者特质与公司资本结构决策／刘元秀著. —北京：知识产权出版社，2021.12
ISBN 978-7-5130-7840-5

Ⅰ.①管… Ⅱ.①刘… Ⅲ.①企业管理—资本经营—研究 Ⅳ.①F275.6

中国版本图书馆 CIP 数据核字（2021）第 232915 号

策划编辑：蔡　虹　　　　　　　　责任校对：潘凤越
责任编辑：荆成恭　　　　　　　　责任印制：孙婷婷
封面设计：智兴设计室·张国仓

管理者特质与公司资本结构决策

刘元秀　著

出版发行：	知识产权出版社 有限责任公司	网　址：	http://www.ipph.cn
社　址：	北京市海淀区气象路 50 号院	邮　编：	100081
责编电话：	010-82000860 转 8341	责编邮箱：	jcggxj219@163.com
发行电话：	010-82000860 转 8101/8102	发行传真：	010-82000893/82005070/82000270
印　刷：	北京虎彩文化传播有限公司	经　销：	各大网上书店、新华书店及相关专业书店
开　本：	720mm×1000mm　1/16	印　张：	14.5
版　次：	2021 年 12 月第 1 版	印　次：	2021 年 12 月第 1 次印刷
字　数：	195 千字	定　价：	79.00 元
ISBN 978-7-5130-7840-5			

出版权专有　侵权必究
如有印装质量问题，本社负责调换。

序一

资本结构问题是公司金融理论中最核心的问题之一,长期困扰着企业的所有者和经营者。企业的股权和债权究竟应该各占多少,其相对比例对企业价值又有何影响,至今仍然是未解之谜。美国著名经济学家 Myers(1984)甚至专门发表论文,将资本结构问题称为"资本结构之谜"。

诺贝尔奖得主 Modigliani 和 Miller(1958)开创了经典资本结构理论之先河,首次提出 MM 理论,认为在完美的资本市场中,且不考虑所得税情况下,企业的资本结构与企业价值无关,企业的外部资本和内部资本可以完全替代,因而投资行为并不受公司资本结构状况的影响,而只与企业的投资需求相关。

然而,基于现实情况的反思,学界很快提出了权衡理论。该理论认为,虽然企业可以利用税收效应,通过增加债务来增加企业价值;但随着债务的上升,企业陷入财务困境的可能性也相应增加,甚至可能导致破产,因而会相应产生财务困境和破产成本。这是制约企业增加借贷的一个重要因素,企业在确定资本结构时,必然要权衡负债的税收效应与财务困境成本。

Jensen 和 Meckling(1976)放宽了 MM 理论的假设条件,引入了有关资本代理问题分析,形成了关于资本结构的"代理成本"理论。随后,Ross(1977)又针对 Jensen 和 Meckling(1976)理论的缺陷,将非对称信息引入资本结构理论的研究中,称为"不完全契约"理论。Myers 和 Majluf(1984)又在 Ross(1977)模型的基础上考察了非对称信息对资本结构的影响,提出了融资的"啄食顺序"理论，也称"融资优序"理论。Aghion 和 Bolton（1992）则分析了融资方式和控制权分配之间的关系，后人称之为"融资契约"理论。Baker 和 Wurgler（2002）又提出"市场择机"理论，认为公司融资存在显著的市场择机行为。

最优资本结构问题的研究实际上早在 20 世纪 60 年代就开始了。最初人们确信企业应该存在一个最优的资本结构。随着研究的不断深入，人们发现企业的资本结构实际上是随着各种内外部条件的变化而不断变化的，因而许多学者又在其静态资本结构优化模型的基础上，加以动态化，形成各自的动态最优资本结构模型。近期动态资本结构研究的基本共识是，就长期而言，企业会权衡调整成本和负债融资的利弊，不断驱使资本结构向最优或目标水平调整和优化。

总之，围绕公司金融理论乃至资本结构理论问题而展开的研究仍然方兴未艾、热度不减，一个新的研究视角和热点随之涌现出来，这就是行为金融学和公司治理。近年来人们发现，很多金融领域的现象用传统金融理论根本解释不通，或者说，传统金融理论的研究重视物，而轻视人。传统公司金融理论多专注于货币、资本、资金、现金流量、资产价格、现值、金融市场等，而对于参与这些金融市场和金融交易活动背后的决策人的研究，基本上多是忽略，或者就是简单地假定为理性人，默认他会采取理性决策。传统公司金融理论中的机构代理问题，是唯一明确涉及股权人与管理者的代理问题，以及股权人与债权人的代理成本问题。在经典的公司金融教科书中，机构代理问题，乃至后来演变而来的公司治理问题，依然只占据较小的篇幅，并且是相对独立的。

事实上，所谓公司金融，其本质就是围绕企业资金循环的投融资活动，而所有这些活动都是离不开人的参与和决策的；换句话说，所有企业投融资活动都是带有某种人的属性或者标记的。为弥补传统公司金融理论研究的不足，现代公司金融理论研究的一大热点就是加强了针对公司治理的研究，特别是对股权人和管理者行为的研究。我们欣喜地看到，目前学界对投融资者或企业管理者的金融决策行为的研究日渐增多，尤其注重企业投融资决策的管理者的非理性行为研究，如管理者过度自信的相关研究。尽管有如此长足的进步，但我们还是不无遗憾地看到，在现代公司金融理论框架中，大多数理论基本上还是物归物、人归人，在多数时候和场合，物与人的研究还是相互脱节的。

在资本结构理论的研究过程中，也同样缺少能很好地将企业资本结构与人的决策行为密切关联的研究。而针对管理者的特质与资本结构决策关联的研究更是少之又少。如今可喜的是，青年学者刘元秀博士在这方面做出了有益的探索。她以行为金融理论为基础，从企业管理者的特质角度，探讨其对企业资本结构决策的关联和影响，可谓独树一帜，在付出了艰辛的努力之后，我们欣喜地看到，该成果已正式公开出版。

实际上，企业管理者的人生经历、教育背景、性格特征等都是不一样的，这些便构成管理者的特质，也就是异质性。管理者的这些特质通过影响其自身的认知水平和决策能力，使各自的行为可能趋于一致性，而更可能是产生或大或小的偏差，这些行为偏差对于企业发展选择、投融资决策、资本结构目标的确定以及动态调整等，又会或多或少地施加各自的影响，从而导致最终结果的轻微或者重大差异。

刘元秀博士在该著作中探索的聚焦点包括管理者阅历的影响、教育背景的影响，以及面部特征感知能力的影响等。管理者人生阅历产生的影响很好理解，不同的早期生活经历、不同的职业经历、独特的从军经历等，对于塑造人的个性品质，提升人的判断和决策能力等，都是非常重要的外在因素，都有可能导致管理者的种种决策偏差。同样，管理者教育背景的影响也是如此，不同的教育背景、受教育程度等，也是决定人的认知能力和决策能力的重要因素，也都会导致管理者的决策产生或多或少，甚至重大偏差。实证检验的结果也的确如此。著作中呈现了一些有意思的发现，例如，经历过股票收益特低和融资约束特强的管理者（CEO）所在企业依然处于较低的短期负债率水平；经历过现金流危机、融资约束特强和股票收益特低的 CEO 偏好更高的长期负债率水平；在公司治理约束下，管理者的职业经历对资本结构和债务期限的影响有显著不同；在 CEO 约束下，CFO 年龄越小、任期越短，其所在公司总负债率越高。此外，CEO 和 CFO 教育背景的异质性对资本结构的影响也具有明显的差异性。

让人十分钦佩的是，刘元秀博士大胆地尝试了管理者面部特征的感知识别对决策影响的研究，即使在国外，该类研究也属凤毛麟角。作者从四个维度，即胜任力、诚信、亲和力、吸引力，通过对 2000 多名上市公司高管受试者的面部特征的感知识别，梳理上市公司高管"胜任力相貌"与真实胜任力的关系，得到一些有趣的发现。比如，通过配对分析发现，看似更具有吸引力和亲和力的受试者的高管比率高于非高管；大公司高管看起来更具胜任力、亲和力和吸引力。通过数值评分，发现高管薪酬、业绩、产权性质和公司资本结构与感知的"胜任力"评级相关，成熟面孔高管有更高的"胜任力"分值。作者将上述研究进一步与资本结构决策相关联，又得到了一些颇有意思的发现，即看起来越具有"胜任力""诚信""亲和力"和"吸引力"的高管所在公司总负债率越低，而看起来越具"胜任力""诚信""亲和力"和"吸引力"的有前任的高管所在公司总负债率越高。

尽管上述研究显得有些另类，研究发现也有待验证，但正所谓"路漫漫其修远兮，吾将上下而求索"——学无止境，科研探索也无止境。习近平总书记多次强调，我们需要理论自信和文化自信。那么，我们为何不可以在公司金融理论探索以及资本结构理论探索上更加自信一点呢？

刘元秀博士是将管理者特征与资本结构决策关联研究的勇敢拓荒者，我们期待她在这一领域能有更新、更好的研究成果，以飨读者。

胡援成

2021 年 12 月 12 日

序二

传统金融理论对金融决策者行为的研究是建立在效用最大化、理性预期、风险规避等一系列严格的假设基础之上的。但心理学的常识告诉人们，这一系列的假设前提是十分苛刻的，因为决策者作为一个个体并不是我们想象中完全理性的。因此，行为金融学作为一个新兴的研究领域分析了金融决策者认知偏差的形成过程和影响。

行为公司金融学是传统金融理论和行为金融理论相互融合的结晶，结合了二者的精髓，其实质是使用行为金融的研究范式来分析市场和管理者有限理性对公司投融资、资本结构、股利政策和兼并收购等经营决策的影响。

应用行为金融理论有两种主要的研究框架。一种是在管理者完全理性假设下，研究市场的有限理性对公司投融资行为的影响；另一种是在市场完全理性假设下，研究管理者的有限理性对公司投融资行为的影响。

第一种类型的研究首先假设市场投资者不完全理性，他们对市场及未来的预判不能完全契合实际，有的过于乐观，有的过于悲观。另外，他们作为公司的外部人，不掌握公司的全部信息，对公司价值的判断也不可能完全符合实际情况，存在高估或低估公司价值的情况。当投资的行为无法相互抵消时，由不完全理性投资者组成的资本市场呈现有限理性的特征，在这个市场形成的证券价格也往往会偏离其真实价值。而该假设下，当完全理性的企业管理者意识到公司证券价格对基本价值偏离的时候，往往做出理性的反应，调整其融资结构。因此，行为融资理论认为，企业融资存在一个

"市场时机选择"问题。Stein（1996）提出的"市场时机假说"认为，融资的市场时机选择显著影响公司的资本结构。

第二种类型的研究认为，管理者的信念和决策行为难以做到总是合乎逻辑和完全理性。因为管理者并非完全理性的"经济人"，存在过度自信等个人特质方面的偏差。现实中企业的融资偏好很难被传统的建立在管理者理性经济人假说基石上的资本结构理论所解释。行为公司金融学抛开管理者完全理性的假设基础，从心理学和行为学的角度出发研究公司的融资行为，丰富和阐述了融资优序理论和权衡理论。管理者的短视行为、框架依赖、处置效应、锚定效应、禀赋效应、沉没成本谬误和证实偏见等非理性的认知偏差都会影响公司投资决策的正确性（Shifrin H，2001）。

在非理性管理者假设框架下，管理者个人特质逐渐吸引了众多研究者的兴趣，但能比较系统地将管理者个人特质与企业资本结构决策密切关联的研究仍然缺乏。青年学者刘元秀博士从她的博士论文开始即在这方面做出了有益的探索，付出了多年艰辛的努力之后，该成果已正式公开出版。

刘元秀博士在该著作中探索管理者早期生活经历、教育背景、职业经历以及胜任力感知等特质影响公司资本结构决策行为。研究发现：一是公司治理结构不同，管理者早期生活经历资本结构效应也不同；CEO和CFO教育背景的异质性对资本结构影响也具有差异性。二是管理层越不自信，总负债率越高，在CEO约束下，CFO年龄越小、任期越短，其所在公司总负债率越高；男性CFO、男性年龄越小、男性任期越短，其所在公司短期负债率越高。三是经历过现金流危机的管理者（CEO和CFO）偏好持有更高的总负债率；经历过股票收益特低和融资约束特强的管理者（CEO）所在公司依然处于较低的短期负债率水平；经历过现金流危机、融资约束特强和股票收益特低的CEO偏好更高的长期负债率水平；在公司治理约束下，其职业经历对资本结构和债务期限的影响有显著不同。

著作中采用准实验设计方法，以七个小实验，通过2000多名受试者对我国上市公司高管面部特征的感知识别，通过受试者对高管面部特征感知进行数值评分，发现高管薪酬、业绩、产权性质和公司资本结构与感知的"胜任力"评级相关，成熟面孔高管有更高的"胜任力"分值。

这些研究成果不仅对行为公司金融学在中国企业应用的研究文献具有贡献意义，也能帮助我们更好地理解现实生活中国企业管理者个人特质如何影响公司的资本结构决策，希望读者可以从中受益。

吴 飞

2021年12月13日

前　言

2021年是国企改革三年行动的第二年，国有企业改革和发展需要职业经理人队伍的建设，而职业经理人队伍的建设更需要职业经理人制度的建立和规范。

管理者，尤其是高级管理者在企业经营中占主导地位，对企业的重大财务决策有绝对的支配权，而人的行为是由认知偏差和情感支配的，企业管理者通常要面对各种复杂的问题，对经营环境、企业发展前景等方面做出预测，因此更容易出现认知偏差。将行为心理学与公司金融理论相结合，基于行为金融理论研究管理者特质（早期经历、教育背景、职业经历以及胜任力识别等）对公司发展、公司资本结构动态调整、债务期限结构的影响，验证在同一国家其对不同企业性质、公司治理、管理者特质的上市公司债务期限结构的影响是否存在异质性，有助于企业建立科学的人才选用和激励机制，规范企业投融资行为，完善公司治理结构，优化企业资本结构和公司财务管理，完善企业核心高管选拔、改进和人力资源管理。

本书从管理者（主要是 CEO 和 CFO）特质——早期经历（困难生活经历、职业困境经历）、教育背景、基于管理者面部特征感知（胜任力、诚信、亲和力、吸引力）等多角度，研究分析公司融资决策中的资本结构决策行为，揭示管理者认知偏差对公司融资决策的影响，有助于提高企业决策效率和企业竞争力，给企业人才培养、选拔与公司治理提供一些有益参考，为政府及管理部门制定相应的政策提供理论和经验依据。

本书共分为9章：第1章为绪论，介绍本书的研究背景、研究意义、相关概念界定、研究内容和技术路线；第 2 章为相关理论研究综述；第 3 章重点分析管理者特质与公司资本结构决策的相互关联，勾勒内在机制；第 4 章从资本结构选择角度，探讨管理者早期生活经历（困难生活经历与从军经历）对公司资本结构选择的影响程度及作用机理；第 5 章主要研究 CEO 教育背景与公司资本结构的关系，同时也研究 CFO 教育背景对公司资本结构的影响；第 6 章从管理者职业困境经历视角，研究公司资本结构的管理者效应，重点是在公司治理和管理层过度自信约束下，探讨公司资本结构的管理者职业困境经历效应，分析其职业困境经历是否会影响公司资本结构决策，具有职业困境经历的管理者（CEO 和 CFO）所在公司资本结构及债务期限如何受其影响；第 7 章主要探讨高管"胜任力相貌"和真实胜任力之间的关系，分析面部特征感知是否与高管头衔有任何可能的关系，同时检验"胜任力工资溢价"和"美丽溢价"现象，探讨管理者面部特征感知与公司资本结构是否有一定的关系；第 8 章基于管理者早期生活经历（困难生活经历、从军经历）、教育背景和职业困境经历，多角度探讨基于这些管理者特质的公司动态资本结构调整，基于管理者特质研究公司资本结构调整的目标和速率；第 9 章是研究结论与展望。

本书的主要研究成果和结论如下：

第一，构建了管理者（CEO 和 CFO）特质（困难生活经历、从军经历、教育背景、职业困境经历）与资本结构、债务期限结构的多元回归模型，实证分析了在资本结构和债务期限上有过困难生活经历、从军经历的 CEO 和 CFO 效应具有差异性。实证研究发现：一是公司治理结构不同，管理者早期生活经历对资本结构的影响也不同；CEO 和 CFO 教育背景的异质性对资本结构的影响也具有差异性。二是管理层越不自信，总负债率越高，在 CEO 约束下，CFO 年龄越小、任期越短，其所在公司总负债率越高；男性 CFO、年龄越小、任期越短，其所在公司短期负债率越高。三是经历过现金流危机的管理者（CEO 和 CFO）偏好持有更高的总负债率；经历过股票收益特低和融资约束特强的管理者（CEO）所在公司依然处于较低的短期负债率水平；经历过现金流危机、融资约束特强和股票收益特低的 CEO 偏好持有更高的长期负债率。在公司治理约束下管理者职业经历对资本结构和债务期限的影响有显著不同。

第二，采用准实验设计方法，以七个小实验，通过 2000 多名受试者对我国上市公司高管面部特征的感知识别，梳理分析了上市公司高管"胜任力相貌"与真实胜任力的关系。将高管与非高管照片配对分析，发现看似更具吸引力和亲和力受试者的高管比率高于非高管；将大、小公司高管照片配对分析，发现大公司高管看起来更具有胜任力、亲和力和吸引力。此外，通过受试者对高管面部特征感知进行数值评分，发现高管薪酬、业绩、产权性质和公司资本结构与感知的"胜任力"评级相关，成熟面孔高管有更高的"胜任力"分值。

第三，构建了基于管理者阅历与特质的动态资本结构调整模型，并从短期调整和长期调整方面，分析研究了动态资本结构调整。从资本结构短期调整来看，只有管理者现金流危机经历对资本结构的影响是向上调整的，而管理者其他职业经历对短期资本结构调整的影响并不显著；公司治理结构越完善，短期资本结构随之向上调整；成长机会、盈利能力与啄序理论和动态权衡理论相一致，资产有形性符合权衡理论。从长期动态资本结构调整结果来看，管理者现金流危机和融资约束特低经历对公司长期资本结构具有向上调整作用，而管理者股票收益特低经历对公司长期资本结构调整的影响并不显著；公司有形资产越多，越可以减少资产替代问题并减少代理成本；从长期资本结构调整的结果还可以看出，民营企业具有较高的负债率。

衷心感谢知识产权出版社的荆成恭编辑，敬佩他的专业水平和敬业精神。本书在写作过程中参考了大量文献，谨向相关文献作者致以诚挚的谢意！感谢我的导师胡援成教授和吴飞教授，感谢老师们多年来对我的精心培养和厚爱。感谢家人和朋友，感谢他们的理解和支持！

目 录

第1章 绪 论 … 1
1.1 问题的提出 … 1
1.2 研究意义 … 2
1.2.1 理论意义 … 2
1.2.2 实践意义 … 2
1.3 相关概念界定 … 3
1.3.1 管理者特质 … 3
1.3.2 资本结构 … 4
1.3.3 融资结构 … 5
1.4 研究思路和方法 … 6
1.4.1 研究思路 … 6
1.4.2 基本框架 … 6
1.4.3 研究方法 … 8
1.5 本书贡献 … 9

第2章 文献综述 … 11
2.1 资本结构理论 … 11
2.1.1 传统融资理论——基于传统金融学 … 11
2.1.2 行为融资理论——基于行为金融学 … 14
2.2 管理者非理性与资本结构实证研究综述 … 17
2.2.1 管理者过度自信与资本结构 … 17
2.2.2 管理者其他特质与资本结构 … 22

2.3 文献述评 …… 24
第3章 管理者特质影响公司资本结构决策机理分析 …… 26
　3.1 管理者特质影响公司资本结构决策分析前提 …… 26
　3.2 管理者特质对公司资本结构决策影响的理论分析 …… 28
第4章 管理者早期生活经历与公司资本结构决策 …… 32
　4.1 引言 …… 32
　4.2 理论分析与研究设计 …… 33
　　4.2.1 理论分析 …… 33
　　4.2.2 研究假设 …… 34
　　4.2.3 研究样本数据及模型构建 …… 35
　4.3 实证分析 …… 43
　　4.3.1 描述统计 …… 43
　　4.3.2 管理者困难生活经历和从军经历与公司特征相关分析 …… 45
　　4.3.3 管理者困难生活经历与公司资本结构 …… 50
　　4.3.4 管理者从军经历与公司资本结构 …… 52
　　4.3.5 稳健性检验 …… 57
　4.4 本章小结 …… 58
第5章 管理者教育背景与公司资本结构决策 …… 59
　5.1 引言 …… 59
　5.2 理论分析与研究设计 …… 60
　　5.2.1 理论分析与研究假设 …… 60
　　5.2.2 研究设计 …… 61
　5.3 实证分析 …… 66
　　5.3.1 描述统计 …… 66
　　5.3.2 CEO教育背景与公司资本结构 …… 71
　　5.3.3 CFO教育背景与公司资本结构 …… 72
　　5.3.4 稳健性检验 …… 75
　5.4 本章小结 …… 75

第6章　管理者职业经历与公司资本结构决策 …… 77
6.1　引言 …… 77
6.2　理论分析与研究设计 …… 79
6.2.1　理论分析 …… 79
6.2.2　研究设计 …… 82
6.3　实证分析 …… 90
6.3.1　描述统计 …… 90
6.3.2　CEO管理者职业经历与公司资本结构 …… 96
6.3.3　CFO管理者职业经历与公司资本结构 …… 113
6.4　实证结果 …… 118
6.5　本章小结 …… 119

第7章　管理者胜任力识别与公司资本结构决策：一项行为金融实验 …… 121
7.1　引言 …… 121
7.2　理论分析 …… 122
7.3　实验设计及实验研究 …… 126
7.3.1　配对实验 …… 128
7.3.2　基于四个维度的高管面部特征评分 …… 130
7.3.3　娃娃脸评级 …… 130
7.3.4　样本及变量定义 …… 132
7.4　实验分析 …… 142
7.4.1　主要变量描述性统计 …… 142
7.4.2　基于四个维度的管理者面部特征感知识别 …… 144
7.4.3　基于高管面部特征感知的四维评分 …… 146
7.4.4　薪酬与胜任力 …… 149
7.4.5　公司业绩与高管胜任力 …… 152
7.4.6　成熟度与胜任力 …… 154
7.5　管理者胜任力识别与公司资本结构 …… 155
7.5.1　描述统计 …… 155

  7.5.2 实证分析 …… 157
 7.6 稳健性检验 …… 163
 7.7 实验结论 …… 163
 7.8 本章小结 …… 165

第8章 基于管理者特质的动态资本结构调整 …… 167
 8.1 引言 …… 167
 8.2 理论分析 …… 168
 8.3 实证分析 …… 171
  8.3.1 模型设定 …… 171
  8.3.2 研究设计 …… 173
  8.3.3 实证结果分析 …… 175
  8.3.4 稳健性检验 …… 180
 8.4 本章小结 …… 180

第9章 研究结论与展望 …… 182
 9.1 研究结论 …… 182
 9.2 政策建议 …… 186
 9.3 研究不足与展望 …… 188

网络调查问卷 …… 191

参考文献 …… 194

第1章 绪 论

1.1 问题的提出

  自从 Modigliani 和 Miller（1958）[1]提出著名的 MM 理论之后，学者们对企业投融资决策的研究进行得如火如荼，取得了丰硕的理论成果。这些理论的共性就是，它们都建立在"理性经济人"假设之上，被称作"传统金融理论"。然而，近年来的实证研究发现，金融市场中的一些现象和行为与传统金融理论的论述严重不符。实证研究发现，在现实经济活动中，上市公司各种决策行为，诸如公司的投资方向选择、融资渠道的筛选，乃至股利发放、企业并购等决策，可能与传统公司金融理论并不契合，公司管理者的经营决策甚至大大偏离了传统的公司金融理论。为了解释这种现象，学者们摒弃了关于经济活动的参与者是"理性经济人"的这一传统假设，认为他们是"不完全理性经济人"，其行为不完全取决于外部客观环境，同时也受其自身的主观心理因素的干扰。并尝试以心理学、行为学的理论为指导，从"不完全理性经济人"角度来研究公司金融决策问题，考虑管理者的各主观因素对决策行为的影响。行为金融理论为学者们开辟了公司金融理论研究的全新天地。学者们对投资者或公司管理者金融决策行为的个人主观影响因素的研究日渐增多。然而，对管理者特质与公司金融决策关系方面的研究，迄今为止还依然未成体系。

关于公司管理者非理性影响现有的研究主要集中于两个方面，即公司投资和融资决策的管理者非理性行为研究。特别是关于管理者过度自信的相关研究，其中具有代表意义的是 Heaton（2002）[2]的研究。其研究发现，管理者过度自信则往往倾向于高估投资项目的未来收益率。他们更愿意选择债务融资，而不是股权融资，以避免与新股东分享收益。国内外的学者对公司管理者非理性行为的研究已经做了大量的工作，得到了一些有意义的结论。本研究从管理者阅历与特质入手，分析研究我国上市公司管理者个人阅历与特质，及其在资本结构决策行为上的效应，这对企业融资决策的影响具有重大意义。

1.2 研究意义

1.2.1 理论意义

将我国上市公司管理者特质（困难生活经历、从军经历、职业困境经历、管理者胜任力识别、教育背景）纳入公司金融研究领域，是一种有益探索，有助于丰富管理者非理性方面的公司行为金融理论，以及公司治理、决策学科发展。

本书有助于拓展和完善公司融资决策研究的理论认识，丰富相关领域的研究文献。

1.2.2 实践意义

党的十八届三中全会关于国有企业改革的决定中强调要深化企业用人制度改革，建立职业经理人制度，健全公司治理结构；企业内部要建立管理人员能上能下、员工能进能出、收入弹性的灵活的人力资源管理制度。

本书从管理者特质——早期经历（困难生活经历、职业困境经历）、教育背景、基于管理者面部特征感知（胜任力、诚信、亲和力、吸引力）等多角度和新视角，研究分析公司融资决策中的资本结构行为，给企业人才培养、选拔与公司治理提供一些有益参考；揭示认知偏差对公司融资决策的影响，不仅有助于企业改善非效率决策，提高决策效率和企业竞争力，而且可以为相关部门制定管理政策提供有益的帮助。

分析研究管理者特质对公司发展的影响，有助于企业建立科学的人才选用激励机制，有助于规范企业投融资行为，有助于完善我国公司治理结构，对企业资本结构优化和公司财务管理亦有所助益，对企业管理者任命等人力资源管理决策也具有重要启示意义；有助于深化认识企业发展中人力资本特征的重要作用，对完善企业核心高管选拔、改进和加强人力资源管理具有积极的借鉴意义。

1.3 相关概念界定

在进行本书的研究之前，首先对管理者、管理者特质、融资决策的相关概念范畴加以界定，以便对公司资本结构决策行为进行深入的剖析。

1.3.1 管理者特质

1. 管理者

管理者的概念很广泛，凡是在工作中担任一定职务、承担某种协调管理工作的人都可称为管理者。本书将管理者限定为上市公司CEO（总经理、总裁、执行总裁、首席执行官、行政总裁等）、CFO（财务部经理、财务负责人、财务总监、总会计师、财务部长等）以及董事长等"关键"人物。

2. 管理者特质

心理学研究发现，个人认知偏差的形成不仅与其自身的成长经历、学习经历、工作经历等有关，也与其感知外部事物时的客观环境和认知条件有关。

本书的管理者特质界定在管理者早期的生活经历（困难生活经历、从军经历等）、教育背景、性别、任期、学历、知识结构、职业经历、年龄，以及胜任力等个人阅历与特征，这些管理者特质容易出现认知偏差。

融资决策主要包括资本结构和融资结构，具体内容如下所述。

1.3.2 资本结构

资本结构是指资本的构成及其相互关系，不同的筹资方式组合的类型决定了企业资本结构及其变化。

表1-1 资本结构界定一览

要义	分类	定义	观点
资本结构 资本的构成及其相互关系。各种不同的筹资方式组合的类型决定了企业资本结构及其变化	广义资本结构	全部负债与权益资本的比例关系	资本结构中的负债包括长期负债和短期负债
	狭义资本结构	长期负债与权益资本的比例关系	资本结构中的负债仅指企业的长期负债，而将短期负债列入营运资本的范畴 认为只有长期负债才具有税收优惠及债务约束功能

如表1-1所示，资本结构的概念通常被认为是资产负债表中资产负债与权益资本之间的比例关系，有狭义和广义之分，狭义的资本结构仅仅指长期负债与权益资本的比例；广义的资本结构指的是企业全部债务与权益资本的比例。不难看出两种资本结构定义的分歧就在于对负债的范畴界定不同，前者是将企业短期负债列入了企业运营资本的范畴，认为只有长期负债才是真正的负债；后者则认为不论长期负债还是短期负债都应算作是负债。之所以存在这种分歧，主要是因为前者认为只有长期负债才具有税收优惠及债务约束

功能,而短期负债不具有这样的功能。

根据本书的研究目的,同时考虑到我国上市公司的短期债务量大,并且普遍存在短期债务延期长期使用的现象,因而本书使用广义资本结构的概念,将资本结构定义为全部负债与权益资本的比例关系,有些章节也研究短期负债率、长期负债率和有息负债率这三项资本结构主要构成成分。

1.3.3 融资结构

融资结构指的是公司从不同的筹资渠道所筹资金的有机构成及比例。

表1-2 融资结构界定一览

定义	分类标准	类别	形式	
融资结构:公司从不同的筹资渠道所筹资金的有机构成及比例	按照资金来源渠道	内源融资	折旧融资	
			保留盈余融资	
		外源融资	股权融资	上市公司通过发行股票的方式向社会吸收资金,包括增发及配股等
			负债融资	通过发行债券或通过银行借款等方式筹集资金
	持有取得的资金的时间长短	长期融资	公司融资的期限结构	
		短期融资		
	资金是否直接融入	直接融资	通过公开发行股票及债券从市场直接获取资金	公司融资的关系结构
		间接融资	通过银行等金融中介借入资金	

如表1-2所示，企业融资结构按照筹资渠道不同，分为内源融资与外源融资，形成企业融资的渠道结构；按公司持有取得的资金的时间长短，分为长期融资与短期融资，构成公司融资的期限结构；按资金是否直接融入，又可分为直接融资和间接融资，形成了公司融资的关系结构。不同的融资行为形成不同的资本结构，在一些研究中，两个概念常常不加区分地使用。

本书主要探讨融资决策的资本结构问题，部分章节也研究公司短期借款和长期借款。

1.4 研究思路和方法

1.4.1 研究思路

本书探讨的核心问题是基于管理者特质视角，检验管理者特质对上市公司资本结构的影响效应。围绕上述核心问题，本书根据管理者亲历的事件时间顺序，沿着管理者阅历与特征"早期生活经历（含从军经历）—教育背景—职业经历—胜任力识别"思路对管理者特质与公司资本结构之间的关系进行实证分析，在此基础上，构建公司动态资本结构调整模型，研究动态资本结构调整的管理者特质效应。

1.4.2 基本框架

本书共分为九章，主要可分为四个板块：第1章为绪论，即第一个板块，介绍研究背景、研究意义、相关概念界定、研究内容和技术路线；第2章与第3章是第二个板块，主要是全书的理论基础、文献综述，并在文献研究基础上分析管理者特质与公司资本结构决策的相互关联，勾勒其内在机制；第4章至第8章是第三个板块，主要分析研究管理者特质对公司资本结构决策的影响；第9章是总结部分，即第四个板块，在归纳分析结论的基础上提出政策建议和未来研究展望。

第 1 章是绪论部分，首先提出问题，阐述本研究的理论意义与实践意义，界定管理者特质和资本结构等概念，然后对研究思路、研究基本框架和研究方法进行归纳，最后概述本书的可能贡献。

第 2 章是相关的国内外文献综述。一是对于资本结构的理论进行综述。包括基于传统金融学的传统融资理论（现代资本结构理论、新融资理论）和基于行为金融学的行为融资理论。在比较上述理论的基础上，结合研究主题确定本书的理论基础。二是梳理管理者非理性与资本结构决策文献，重点分析比较成熟的管理者特质——管理者过度自信对资本结构影响的实证文献，确定本书的研究内容和研究视角。

第 3 章是管理者特质对资本结构决策影响的机理分析，在提出本书研究分析前提的基础上，从理论上阐明管理者特质对公司资本结构的作用机理。

第 4 章至第 8 章着重分析公司资本结构的管理者特质效应。该部分又分为两个子板块，第 4 章至第 7 章是管理者特质对公司资本结构的影响分析；第 8 章是在第 4 章至第 7 章实证研究的基础上，构建基于管理者特质的动态资本结构调整模型，研究资本结构的调整目标和调整速度。以上章节充分考虑了公司治理和管理层过度自信因素的约束影响。具体而言，第 4 章从资本结构选择角度，探讨管理者早期生活经历（困难生活经历与从军经历）对公司资本结构选择的影响程度及作用机理；第 5 章主要研究 CEO 教育背景与公司资本结构之间的关系，同时也研究 CFO 教育背景对公司资本结构的影响；第 6 章从管理者职业困境经历视角，研究管理者职业经历对公司资本结构的影响效应，在公司治理和管理层过度自信的约束下，探讨公司资本结构的管理者职业困境经历效应，分析职业困境经历是否影响公司资本结构决策，具有职业困境经历的管理者（CEO 和 CFO）所在公司资本结构及债务期限如何受其影响；第 7

章主要探讨高管"胜任力相貌"和真实胜任力之间的关系，脸部特征感知是否与高管头衔有任何可能的关系，同时检验"胜任力工资溢价"和"美丽溢价"现象，探讨管理者面部特征感知与公司资本结构是否有一定的关系；第 8 章基于管理者早期生活经历、教育背景和困境职业经历，多角度探讨基于这些管理者阅历与特质的公司动态资本结构调整，基于管理者层面研究公司资本结构调整的目标和速率。

第 9 章是总结部分，对本书的研究成果、研究不足和未来研究的展望进行描述。

本书的研究思路和框架如图 1-1 所示。

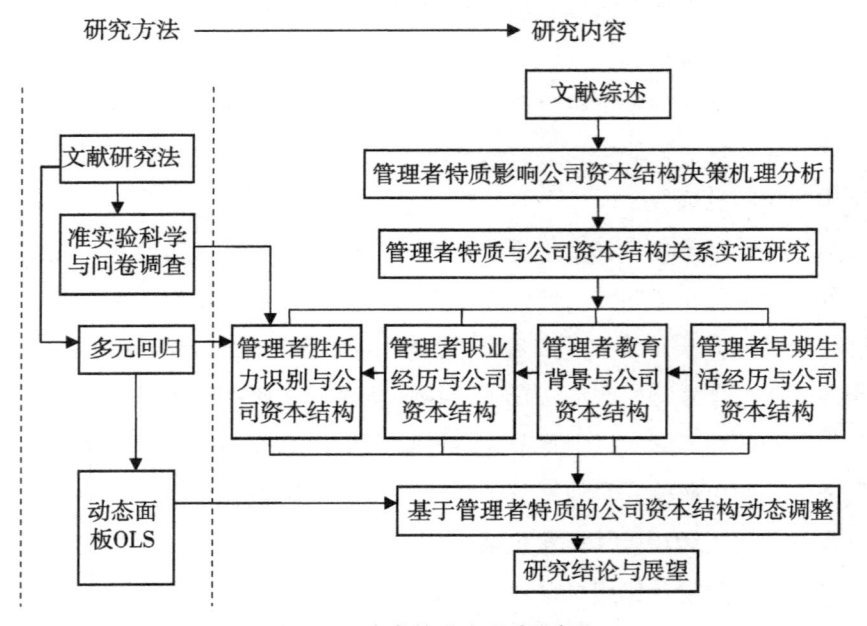

图 1-1 本书的研究思路和框架

1.4.3 研究方法

本书以实证研究为主。管理者非理性与公司资本结构关系研究还处于起步阶段，理论假设尚未统一。对此本书以权衡理论、行为金融理论、心理学、社会学等为理论基础，构建相应模型，在针对我国上市公司提出理论假设后进行实证检验。

①对国内外相关文献进行梳理,提出本书的研究构想,进行规范研究。

②准实验和特质推理法。采用准科学实验方式获取第一手资料：手工收集我国沪深两市（剔除金融保险业）高管照片并进行配对,获取195位高管为样本,通过30个问卷7个小实验获得2000多名受访者的实验数据；采用特质推理方式研究管理者"胜任力"识别。

③数理统计与多元回归法。构建基于管理者特质的资本结构动态面板模型,研究我国上市公司资本结构影响因素及调整速度。

1.5 本书贡献

综合考虑公司自身因素与管理者特质影响的资本结构研究正方兴未艾,本书主要在管理者特质、公司资本结构决策以及在治理结构水平高低不同的公司的管理者特质影响公司资本结构决策等方面丰富和拓展现有研究,本书的研究将有所裨益。本书的贡献主要体现在以下四个方面。

第一,现有管理者非理性的文献主要关注管理者过度自信对金融市场发展和公司外部融资的影响,近年来,学者们越来越重视管理者特质对公司资本结构的影响方面的研究,本书从动态资本结构这一新的视角,研究管理者特质（早期生活经历、从军经历、教育背景、职业经历以及胜任力识别等）对资本结构动态调整的影响,实证分析了管理者特质对公司资本结构及债务期限结构的影响,并且验证了在同一国家,不同企业性质、公司治理、管理者特质对上市公司债务期限结构的影响存在异质性。为管理者非理性影响公司财务决策提供了新的证据,从而丰富了行为公司金融理论的文献,丰富了公司资本结构决策文献。

第二，现有文献从公司特征等视角出发，研究了资本结构动态调整问题。在此基础上，本书将管理者特质纳入了资本结构动态调整的研究范围，构建基于管理者特质的动态面板模型，从管理者非理性视角证实了上市公司资本结构影响因素及调整速度存在差异；针对我国上市公司资本结构的影响因素及动态调整问题，通过构建动态面板模型，短期调整与长期调整影响因素，发现管理者职业困境经历对上市公司资本结构的影响以及资本结构的调整速度存在期限差异。

研究发现管理者特质对企业资本结构的动态调整具有重要影响，在新的视角上丰富了资本结构动态调整理论。

第三，尽管已有文献从不同视角研究资本结构动态调整的影响因素，却没有进一步考察这些影响因素的具体作用路径，本书从资本结构和债务期限两个方面，研究了管理者特质对资本结构调整方式的影响及其作用路径，从而在内容上和研究深度上丰富了资本结构动态调整领域的研究。

第四，采用特质推理方式研究公司高管资本结构决策。采用准科学实验方式获取一手资料，在实验获取样本基础上，结合高管薪酬和公司业绩对我国高管胜任力感知与真实胜任力之间的关系进行研究，深入探讨"胜任力工资溢价"和"美丽溢价"现象，丰富了我国公司高层梯队建设和行为公司金融研究文献；采用特质推理方式研究公司高管融资决策，为研究这种特质推理方式是否具有跨文化的一致性提供一定的理论依据，丰富了特质推理方法应用于经济领域文献，为行为金融理论与人力资源理论的结合做了一定的开拓性工作；丰富了发展中的资本市场职业经理人选拔市场，也可为我国公司人才培养、提拔和公司治理提供一定的启示和借鉴。

第 2 章 文献综述

本章首先从 MM 理论出发,对传统、现代主流的资本结构理论进行整理与归纳;其次,梳理管理者特质与公司资本结构关系实证研究文献;再次,对本章将采用的动态权衡资本结构的理论与实证研究的文献进行分析整合;最后对现有文献进行述评。

2.1 资本结构理论

2.1.1 传统融资理论——基于传统金融学

1. 现代资本结构理论

西方国家对融资决策及结构的问题研究较早,形成了一系列的融资理论。

(1) MM 理论

Modigliani 和 Miller(1958)[1]发表了在学术界影响重大的论文,形成了影响深远的 MM 理论。MM 理论证明了在资本市场完全竞争条件下,同时不考虑税收以及个人和公司借款利率差异时,企业的价值与其资本结构无关,如此说来,企业在经营过程中的筹资方式是无足轻重的。然而,这一结论与现实严重不符,主要是因为 MM 理论所要求满足的条件过于苛刻,以至于完全偏离了实际。后续关于资本结构的研究逐步放松了 MM 理论的假设条件,开辟了资本结构研究的新方向。

Modigliani 和 Miller(1963)[3]研究了税收对公司资本结构的影

响，得出与无税收的 MM 理论对立的结论，意味着越是负债越有价值。照此结论，管理者应全部采取债务融资方式，即可以实现公司价值最大化。但现实并非如此。

Miller（1977）[4]考虑了个人所得税和资本利得税的影响，指出在税率正常状态下，个人所得税会部分抵销债务利息的税盾效应，但不会完全抵消。Auerbach 和 King（1983）[5]得到了与 Miller（1977）[4]类似的结论：在考虑了税率及投资者风险偏好等因素时，整个资本市场的债务总量和股本总量存在一个均衡的比率；但就单个公司来说，资本结构与公司价值无关。

（2）权衡理论

MM 理论和 Miller 模型仅考虑了负债的税收减免效益，却忽略了其成本和由此带来的损失。而权衡理论考虑了负债的正反两方面的效益，弥补了 MM 理论的不足。权衡理论认为，现实中几乎没有什么公司单一地完全采用债务融资方式，因为负债会加大公司的财务压力，特别是在经济不景气时，繁重的外债将使公司陷入现金流危机，甚至导致公司破产。公司未来收入中用于支付财务困境而发生的各种成本，如财务重组、资产重组、破产等成本，称为直接财务困境成本。另外，当公司陷入财务困境时，管理者或者站在自身立场上做出有损股东利益的投资行为，或者站在股东立场上做出有损债权人利益的投资行为，从而引发利益冲突问题。这都将减少公司价值，带来间接的财务困境成本。前者将使股东加强对现金流的控制，减少企业投资机会，同时减少了盈利机会，视为股权代理的成本；后者使债权人在签订债务契约时将会要求更高的风险补偿，视为债权代理的成本。公司未来陷入财务困境的可能性与公司负债正相关，财务困境成本与公司负债亦成正相关，而且随着负债增加，财务困境成本的增加速度将递增，即负债的边际财务困境成本递增。增加负债所带来的公司财务困境成本与税盾收益相互充抵，随着公司负债增加，当负债的边际税盾效应与边际财务困境成本完全抵销时，企业达到最佳负债水平，公司价值也达到最大。

2. 新融资理论——以信息不对称为核心

（1）代理成本理论

Smith（1776）[6]提出代理问题后，西方的学者开展了一系列的相关研究，委托代理问题成为公司治理的一个重要研究领域。

Jensen 和 Meckling（1976）[7]是当代最早提出委托代理理论的学者。他们研究了管理者、股东和债权人三方的利益分配问题，定义了代理成本的概念：委托人（股东）为了自身赢取利益，雇佣代理人（管理者）从事某些活动，同时授予代理人一些权力。由于双方都从各自的利益出发，两者的利益并不一致，在信息不对称并且难以监督的情况下，代理人将会为了自己的利益，利用所掌握的企业的资源做出有利自己却有损股东的行为，这将使企业价值小于非委托代理经营时的价值，两者之间的差额叫作"代理成本"。他们认为现代企业存在两种委托代理冲突，即内部的股东与管理者之间的冲突和外部的债权人与股东之间的冲突。相应地产生股权代理成本和债权代理成本。Jensen 和 Meckling（1976）[7]同时对怎样降低企业的代理成本做了大量有意义的研究。比如委托人提高现金股利支付水平，从而降低公司控制的现金流，进而使管理者更难进行过度投资，这样有助于减少股东和管理者之间的利益冲突。他们还从报酬激励、预算控制、内部审计等公司制度的各层面研究了降低代理成本的方法。Myers（1977）[8]发现存在因为股东为避免破产而带来的代理成本。由于股东要承担破产的风险和破产程序成本，因此一旦企业面临破产风险，股东便不愿投资新项目，即使该项目能使公司价值增值。

Rozeff（1982）[9]是第一个对委托代理关系进行实证研究的学者，他首先在股利政策研究中引入了代理成本，提出了著名的"成本最小化"模型。

Fama 和 Jensen（1983）[10]的研究发现，由于委托代理问题存在，公司管理者不能从公司价值剩余之中获利，因此，理性的管者将会追求自身利益而将股东利益束之高阁。

Jensen（1986）[11]研究发现管理者存在过度投资的问题，并认为可以通过支付股利一方面减少管理层的可控现金流；另一方面增加公司的外部融资，从而使公司接受外部更严格的监督来降低代理成本。

Porta等（2000）[12]通过运用模型也发现了可以通过支付股利减少管理者过度投资的损失。

（2）啄序理论——优序融资理论

Myers（1984）[13]、Myers和Majluf（1984）[14]从信息不对称的视角出发，提出了优序融资理论。该理论认为由于存在信息不对称，外部投资者不了解公司盈利情况和投资情况，只能通过解读管理者行为传递出的信息来评价投资决策，企业资本结构、融资决策及股利分配政策等都是管理者传递信号的工具。当公司通过发行股票进行融资时，外部投资者会认为公司筹资的原因是资金周转不灵，导致公司股票价格下行，降低公司价值，进而有损现有股东的利益；若公司通过债券融资，投资者考虑到债券收益是固定的利息，且拥有优先的资产求偿权，因而不会过多关注企业的资产价值。即使债券存在价值高估的风险，而由于信息不对称，投资者也确实会有这样的担忧，但投资者也可而且经常会要求更高的风险补偿。因此，债务融资不会降低企业价值，但是要承担较高的利息负担，企业最优的融资顺序是：优先考虑内部融资，当内部融资不足以弥补资金缺口时再选择债务融资，当企业存在财务危机时再进行股权融资。

2.1.2 行为融资理论——基于行为金融学

作为一个新兴的研究领域，行为公司金融是结合了传统金融理论和行为金融理论精髓而形成的一个新兴的研究方向，是二者相互融合的结晶，其实质是使用行为金融的研究范式以研究市场和管理者有限理性对公司投融资、资本结构、股利政策和兼并收购等经营决策的影响。

1. 理论前提

应用行为金融理论研究融资决策起源于国外学者，形成了两个主要的研究框架。一个是在管理者完全理性假设下，研究市场的有限理性对公司投融资行为的影响；另一个是在市场完全理性假设下，研究管理者的有限理性对公司投融资行为的影响。这样做的目的是简化条件，容易建模，方便研究。

（1）市场非理性

行为融资理论对企业融资行为的研究，首先假设投资者不完全理性，一方面，他们对市场及未来的预判不能完全契合实际，有的过于乐观，有的过于悲观；另一方面，他们作为公司的外部人，不掌握公司的全部信息，对公司价值的判断也不能完全符合实际情况，存在高估或低估公司价值的情况。由不完全理性的投资者组成的资本市场是不完全理性的，而在不完全理性的资本市场形成的证券价格，往往会偏离其真实价值。其次假设管理者是完全理性的，他们能够意识到公司证券价格对基本价值的偏离，也能够做出理性的反应。因此，行为融资理论认为，企业融资存在一个"市场时机选择"问题。Stein（1996）[15]提出的"市场时机假说"认为，融资的市场时机选择显著影响公司的资本结构，理性的管理者会选择在股票市场行情看好时选择股权融资；而在股市低迷或者股票价格被低估时，管理者则会延迟增发，直到股价上涨到适当水平。

（2）管理者非理性

现代金融理论对管理者决策行为的研究是建立在效用最大化、理性预期、风险规避等一系列严格的假设基础之上的。但心理学的知识告诉人们，这一系列的假设前提是十分苛刻的，因为管理者并不是完全理性的，对客观事物的判断和把握不可能十分准确。行为金融学者分析了人们认知偏差的形成过程。

①启发式偏误。心理学研究表明，人们受心理因素及所能掌握的信息条件等的约束，在进行决策时往往难以进行严密的逻辑推

断，更多的是依靠简单的策略或经验规则，采取启发式思维过程进行决策，寻求解决问题的捷径。而经验法则缺乏严密的逻辑性，常常扭曲人们的推理过程，产生偏误。这些错误的推理结果被称作"启发式偏误"，体现为易得性偏误、代表性启发、锚定与调整等特征。

②框架依赖。行为金融学认为，管理者在对某个问题进行解读时，因为自身心理状态不同、问题表述不同等，感知的程度有所不同，所以，在不同的框架下，面对同样的问题，人们显示出的偏好迥异。偏好的偏移虽然不是决策不一致的全部原因，但确实有实质性的影响。正是由于人们存在认知偏差，使他们的实际决策过程偏离了现代金融理论所描述的最优决策过程，从而导致实证检验的失败。

目前，行为金融学关于决策者行为有三项最基本的假设：第一，决策者的偏好并非既定单一和永久的，而是复杂多变和临时的；第二，决策者具有主观能动性，他们的决策方法和决策技术及决策过程不会一成不变，而是会针对不同的问题、面临不同的环境对症下药；第三，决策者遵循满意原则而不是最优原则。

行为融资理论认为，管理者的信念和决策行为难以做到总是合乎逻辑和完全理性。相关的文献可以参看 Gilovich、Griffin 和 Kahneman（2002）[16]以及 Kahneman 和 Tversky（2000）[17]。目前，有关行为融资理论的研究主要集中在管理者"过分自信"的问题上。

2. 前景理论

自从 Von Neumann 和 Morgenstern（1944）[18]以及 Savage（1954）[19]等学者建立预期效用理论以来，它就成为管理理论的重要组成部分。预期效用理论认为：决策者在不确定条件下决策时，谋求的是对各种可能出现的结果进行加权评估后得到的预期效用的最大化。目前，在研究不确定条件下决策行为方面，最具影响力的理论是 Kahneman 和 Tversky（1979）[20]提出的"前景理论"（prospect theory）。

Kahneman 和 Tversky（1979）[20]通过实验对比发现，人们的选择行为并不完全像主流理论所假设的那样，在每一种情境下都总是谋求预期收益最大化和规避风险。而是会受社会规范、观念习惯及个人偏好的影响，其行为不总是理性的。

2.2 管理者非理性与资本结构实证研究综述

传统的资本结构理论都是建立在管理者理性经济人的假说基础上，但它并不能很好地解释现实中企业的融资偏好。因为管理者并非完全理性的"经济人"，他们存在过度自信等个人特质方面的偏差。行为金融学抛开管理者完全理性的假设基础，从心理学和行为学的角度出发研究公司的融资行为，丰富和阐述了融资优序理论和权衡理论。

经理人的短视行为、框架依赖、处置效应、锚定效应、禀赋效应、沉没成本谬误和证实偏见等非理性的认知偏差都会严重影响公司投资决策的正确性［Shifrin（2001）[21]］。

近年来兴起的行为公司金融理论突破传统公司金融理论的桎梏，抛开了理性经济人假设，开始从企业管理者个人特质角度寻求决策影响因素。其中管理者过度自信研究文献比较丰富和完善。

2.2.1 管理者过度自信与资本结构

国外关于管理者过度自信的研究比较深入。过度自信理论在20世纪90年代进入了高速发展时期。借助2002年度诺贝尔经济学奖得主 Kahneman 的推介，管理者过度自信理论受到研究者们越来越多的关注。

以管理者过度自信为理论前提的融资决策行为研究是行为理论的一个重要应用，国外学者对此做了多角度的研究，本节对该领域相关的研究成果做简单的梳理和总结。

1. 管理者过度自信:"优于平均"效应

Miller 和 Ross(1975)[22]研究发现,人们总是认为成功的原因在于自己的行动,而失败则在于运气太差。Larwood 和 Whittaker(1977)[23],Svenson(1981)[24]和 Alicke(1985)[25]的研究发现人们往往认为自己的技能优于一般人。人们的这种表现被称为"优越效应",管理者在制订融资决策等经济决策时也可能存在这种效应。

March 和 Shapira(1987)[26]的调查证据显示,管理层经常低估公司经营中的内在波动性,认为一切尽在自己掌握之中。Weinstein(1980)[27]发现或者是由于管理者存在控制幻觉,或者是对良好收益心向往之,或者是不好对比个体间的业绩,上述因素都可能引发管理者过度自信。拥有投资项目的高管们总是认为自己可以获得较高的收益,他们常常过低估计投资失败的概率[March 和 Shapira(1987)[26]]。

Camerer 和 Lovallo(1999)[28]的研究发现,实验中的"优于平均"效应适用于经济决策中。

Forbes(2005)[29]在实证研究中发现,不同的企业家,其过度自信认知偏差的程度大不相同。深入剖析发现,管理者的年龄、决策的复杂性和外部因素都会对企业家的过度自信产生影响。企业家的认知偏差是主观因素和客观因素综合作用的结果。另外还发现,身为企业创始人的经理比其他经理的过度自信更甚。

Koellinger、Minniti 和 Schade(2007)[30]认为创业者为了达到先期设定的目标,必须在整个创业过程中不断地对企业的经营进行有目的的控制。一方面,创业者在创业过程中做出一系列的决策而取得成功,这很可能使创业者更加过度自信;另一方面,过度自信又会导致人们高估自身的能力。个体认知是在各种主客观因素影响下形成的,客观因素包括经济条件、历史文化等,主观因素有心理素质等。

2. 管理者过度自信:度量标准

现代企业对高层管理者的激励性薪酬设计一般采用股票期权激

励政策，为了使管理者的人力资本价值和公司业绩紧密联系，将高管的利益与公司的经营风险挂钩，还要求管理者不能交易期权或通过短期销售股票来规避企业经营风险。从高管对待风险的态度中可以测量高管的过度自信程度，风险规避的高管将在足够高的股价时较早执行期权［Lambert、Larcker 和 Verrecchia（1991）[31]］。

Malmendier 和 Tate（2005a）[32]通过采用如下方法衡量管理者是否过度自信。其一，确定管理者执行期权的最小收益率之临界点。如果某高管实际执行期权晚于临界点，就可以推断其对保持公司股价上涨过度自信。其二，看管理者是否保持期权到最终期限。如果某高管持有期权到最终期限，说明他对公司未来业绩充满信心，就可以据此认定其过度自信。其三，看高管是否增持公司股份。一般认为风险厌恶的管理者会尽量避免增持股票，只有对自己经营的公司充满信心的管理者才会增持公司股份，因而可以把增持公司股票的管理者归为过度自信。Brown 和 Sarma（2007）[33]以在新闻媒体上的曝光率作为衡量管理者过度自信的指标。Lin、Hu 和 Chen（2005）[34]使用管理者预测的盈余作为过度自信的衡量指标。如果 CEO 对将来收益估计乐观，他们的预测结果会更高。

3. 管理者过度自信：融资决策

Myers（1984）[13]认为管理者与外部投资者之间关于公司的投资与盈利情况信息的掌握是不对称的。管理者应尽可能减少信息不对称造成的成本，公司缺乏资金时，应首选内部融资，如果内部融资不足以填补资金的空缺，必须从外部融资，则应选择债权融资，只有在债权融资可能给公司带来财务危机的风险较高时，才会选择股权融资。Myers 和 Malluf（1984）[14]对该观点进行了系统的论证。此后，国内外其他学者纷纷对融资优序理论进行了验证，结论仍不完全一致。这为后来者的研究提供了空间。

Heaton（2002）[2]忽略信息不对称和代理成本的影响，构建了基于管理者过度乐观和自由现金流量假说的投资异化模型，重新解释了"融资优先理论"。他认为，过度乐观的管理者对公司未来境况的预估总是好于资本市场的估计，他们认为资本市场低估了自己公司的风险证券价值，因此通过尽可能少地发行风险证券以最小化外部融资成本。当投资项目资金不足，而内部融资不足以解决问题，需要进行外部融资时，他们会遵循融资优先理论，优先选择风险更低的证券，因为风险越低的证券，对市场的反应越不敏感，其价值越不容易被低估，其发行成本也越低；而内部资金与无风险证券对市场的反应最不敏感。因此，乐观管理者的公司的融资渠道选择应遵循上述从无风险到低风险再到高风险的顺序。

Hackbarth（2004）[35]在实证研究中拓展了管理者过度自信对融资结构影响的研究，得出了与传统融资理论相反的研究结果。

Malmendier 和 Tate（2005a）[32]进行的实证研究结果证实了 Heaton（2002）[2]的观点，其实证研究发现，过度自信的管理者对公司投资项目未来收益的估计比实际的收益更高，其公司的现金流量也更多。他们认为外部融资的成本太高，当内部资金短缺时宁愿减少投资，也不进行外部融资；当公司的内部现金流充足时，则又会过度投资。Doukas 和 Petmezas（2007）[36]发现了支持平均股票收益与管理层过度自信相关的证据，管理者过度自信在高价收购交易中发挥更大的作用。Malmendier 和 Tate（2005b）[37]以外部期刊对 CEO 个性特征的描述评价作为管理者过度自信的度量指标，证实了上述结论的稳健性。

Ben – David、Graham 和 Harvey（2006）[38]对美国公司 CFO 进行了调查访问，结果表明过度自信的 CFO 会更愿意选择较高的公司负债比。

Lucas 和 Alexandre（2008）[39]选择管理者过度自信的替代变量为管理者是公司创始人或聘请的职业经理人，实证检验结果表明，相对创始人而言，职业经理人更愿意接受较低的公司负债。

Malmendier 和 Tate（2007）[40]的实证研究进一步验证了过度自信管理者在选择融资方式时符合优序融资理论的结论。

Santos 和 Silverira（2007）[41]实证分析了巴西上市公司数据，发现管理者越自信的公司债务比率越高。Fazzari、Hubbard 和 Peterson（1998）[42]从对中国上市公司的实证研究中得出如下结论：中国的银行大多数是国有性质，国有企业管理者自信的融资渠道当然首选银行贷款，银行和企业同属国有性质这一特性大大减弱了负债的治理功能，因此，过度自信的国有企业管理者往往首选获得资金顺利的债务融资。

Malmendier、Tate 和 Yan（2007）[43]的实证研究直接支持了 Heaton（2002）[2]的理论分析，同时将管理者过度自信与 Graham（2000）[44]税盾拐点结合，重新解释了企业的"债务保守行为"，验证了 Heaton（2002）[2]对融资优序理论的新解释。

但是 Hackbarth（2008）[45]的研究表明，存在认知偏差的管理者并不总是遵循融资优序理论，Hackbarth（2008）[45]将认知偏差的管理者特质分为过度乐观与过度自信两种。他认为过度乐观管理者会高估公司未来收益的成长性，相信公司的风险证券的价值被低估，因此，其融资决策会遵循融资优序理论；而过度自信管理者具有正好相反的融资偏好，他们会低估公司未来收益的风险，认为公司的债券价值被低估，而股票价值被高估，因此，他们认为发行股票比发行债券具有更大的利益。

国内关于高管特征研究多样化，有持股、学历、年龄、性别、薪酬、团队平均任期等，比较多的是高管特征与业绩的关系，从高管特征视角研究公司资本结构决策行为的研究文献主要集中于管理者过度自信方面。过度自信度量方法及特质对公司金融决策行为的研究已有相当数量文献。

余明桂、夏新平和邹振松（2006）[46]以及唐蓓（2009）[47]的研究发现，企业的融资决策会受到非理性管理者的影响。管理者过度自信与企业债务结构显著正相关。

黄莲琴（2009）[48]研究发现，过度自信的管理者的融资决策遵循优序融资理论。此外，宋献中和田立军（2010）[49]的实证研究发现，受到政府干预多的企业债务比例较高，表明政府干预加强了管理者过分乐观的心理，影响了企业的融资决策，导致他们更多地选择债务融资。

李占雷和高俊山（2007）[50]基于有效市场和股东利益最大化的假设，运用模型分析指出，过度自信的 CEO 的资本结构决策顺序是先内后外，外部筹资的顺序是债务资金优先于股票资金。

姜付秀等（2009）[51]从行为金融学角度，研究了管理者过度自信与企业扩张之间的关系及其对企业财务困境的影响问题。结果表明过度自信的管理者所实施的扩张战略更会使企业陷入财务困境。

江伟和黎文靖（2009）[52]具体考察了管理者的过度自信行为对我国上市公司资本结构决策的影响。研究发现：总经理越年长，任职时间越长，以及当总经理拥有技术类工作背景时，其过度自信行为越弱，选择越低的负债比率；当总经理同时兼任董事长时，其过度自信行为更强，公司负债比率更高。

易露霞、岳凯和胡衷载（2011）[53]提供了基于过度自信条件下的行为融资决策分析框架。发现考虑过度自信前后，经理的投资融资偏好会发生变化，未考虑过度自信时，经理一般使用啄食融资顺序，不愿意考虑外部资本市场或低债务水平，但是过度自信的经理融资首先考虑的是债务融资而不是股权融资。

余明桂、李文贵和潘红波（2013）[54]检验了管理者过度自信是否影响企业的风险承担，等等。

2.2.2　管理者其他特质与资本结构

如今，公司金融有一个开始发展的文献分支：以管理者特质和行为偏差为研究核心，解释融资结果变量，如投资、兼并、融资决策等。管理者特质涉及性别、风险偏好、教育、早期经历等，其行为偏差如损失厌恶、认知偏误或者过度自信等。以上研究的焦点是 CEO，在可用数据基础上，研究公司决策中最高权力者［Campello 等（2011）[55]］。其他文献研究 CFO［Huang J 和 Kisgen D（2013）[56]

Ben – David、Graham 和 Harvey（2013）[57]］或者前五位高管 [Aggarwal、Samwick（1999）[58], Datta、Mai 和 Raman（2001）[59], Selody（2010）[60]］。

Malmendier 和 Zheng（2012）[61]提出一个不同的途径评价经理人特质的经验重要性：区分不同的管理角色和检验管理特质是否关乎管理者决策。

最近的研究为"个人经历影响企业融资决策"提供了证据。Malmendier 和 Tate（2005a）[32]及 Malmendier、Tate 和 Yan（2011）[62]认为，由成长于大萧条时期的经理人经营的公司反对负债，而由具有军事经历的管理者经营的公司却有较高的杠杆。一些研究还发现，个人经历影响个人的投资行为和融资预期。然而，我们对个人职业经历影响公司融资决策，是否改善或损害对公司价值和后果的判断却知之甚少。相对于其他生活经历，职业经历可能对企业决策有更大的影响，因为管理者的职业经历通常频繁更换或者是最近发生的，它们直接通过管理者影响企业决策。基于此，Dittmar 和 Duchin（2013）[63]验证管理者职业经历影响公司的融资决策；刘元秀、胡援成和吴飞（2016）[64]选取我国2006—2013年沪深两市上市公司作为样本，研究现任管理者（CEO 和 CFO）的职业困境经历（现金流危机、融资约束特强和股票收益特低）如何影响公司现金持有水平。

决策经验的重要性得到心理学文献的支撑［Nisbett 和 Ross（1982）］[65]。研究表明，经历可能导致与基于期望效用理论的个人决策不同，因为他们只获得了过去结果的样本而不是完整的结果分布［如 Hertwig 等（2004）[66], Hertwig 和 Erev（2009）[67], Hertwig（2012）[68]］。

李延喜等（2007）[69]针对管理者认知偏差对其债务政策选择的影响进行研究，研究表明上市公司的债务政策受到了认知偏差的影响。

姜付秀和黄继承（2013）[70]以发生 CEO 变更事件的我国上市公

司为研究样本，利用双重差分模型，检验了 CEO 的财务工作经历对资本结构决策的影响。研究发现有财务工作经历的 CEO 对公司资本结构决策具有重要且正面的影响。

陈克兢等（2013）[71]基于企业决策者认知异质性，构建决策者主观价值最大化的最优资本结构决策模型，选用中国沪深两市 337 家上市公司 2000—2010 年的数据，深入剖析认知偏差对资本结构税收效应的影响，研究表明企业决策者的认知偏差会对企业资本结构与税率的关系产生重要影响。

张亮亮、李强和黄国良（2014）[72]从静态和动态两个方面实证检验了管理者 MBA 教育对公司资本结构决策的影响。研究发现，受过 MBA 教育的管理者选择了更高的负债水平，提高了资本结构的调整速度，说明 MBA 教育塑造了管理者的风险偏好特质，降低了管理防御程度，提高了管理者处理复杂信息的能力。进一步研究发现，受过 MBA 教育的管理者与资本结构决策的关系受到公司治理激励和约束等机制的影响。

孙谦和石松（2015）[73]通过度量管理者固定效应，而不是使用管理者的某些特征，来研究管理者个人偏好对企业资本结构的影响，研究结果表明管理者个人偏好是企业资本结构偏离传统资本结构模型预测的重要因素，还发现管理者的性别、年龄、学历、政治背景以及持有证书数量等特征对其个人偏好的形成具有重要影响。

李雪欣和夏天（2016）[74]尝试将管理防御划分为管理者自身因素（年龄、性别）、内部治理机制和外部市场环境三个维度，分别从这三个维度来探讨管理防御对资本结构的影响。研究表明三个维度均影响企业的资本结构，但三个维度的影响程度存在一定的差异。

2.3 文献述评

综合来看，现有文献围绕管理者特质对公司资本结构决策的影响，主要涉及管理者过度自信与资本结构、管理者特质及其经济后果、公司资本结构决策及其影响因素方面，且已经做了大量的工作，并得到了一些有意义的结论，同时为本书提供了一定的理论、方法及研究思路等。但既有研究成果中还存在以下三个方面的值得进一步深入研究之处。

一是在研究视角上，对于公司资本结构决策的影响因素，尽管近年来的研究从企业内部因素扩展到社会因素、管理者过度自信因素、管理者特征因素等，但对管理者特质、CEO约束下CFO影响公司资本结构决策的研究还比较少见，特别是公司治理水平的影响，从公司治理水平与公司资本结构的视角来考察不同公司治理水平情境下管理者特质对公司资本结构决策影响的文献还不多见；鲜少文献在研究CFO特质影响公司资本结构决策时，同时研究CEO约束下CFO影响公司资本结构决策。

二是在研究内容上，现有研究在管理者特质的经济后果、公司资本结构决策领域的研究还处于相对独立的状态，就管理者特质对公司资本结构决策的影响以及这种影响在不同公司治理水平条件下的差异的研究还比较薄弱，这也构成了现有研究亟待加强的地方。

三是在研究范式上，现有研究大多以实证研究为主，相对而言，缺乏一个较为清晰的理论体系。本书结合我国具体实际，探讨管理者特质影响公司资本结构决策的内在机理，在新的管理者阅历和特质视角，按照发生时间点，从早期生活经历（含从军经历）、教育背景、职业经历和"胜任力"识别等管理者阅历与特质，研究公司资本结构决策，构建基于管理者特质的动态资本结构决策模型且加以应用，以深化和充实这方面的研究，从而提供一个相对完善的理论分析框架，并在此基础上结合我国上市公司数据进行实证检验。

第 3 章　管理者特质影响公司资本结构决策机理分析

CEO 和 CFO 等高级管理者对公司资本结构决策有绝对的支配权，但他们的行为会受其阅历与特质以及他们的认知偏差等的支配，因此管理者的阅历与特质、认知偏差也必将影响到公司资本结构决策。相对于一般人来说，管理者更加过度自信。那么，管理者阅历与特质对企业资本结构决策有没有影响？有什么样的影响以及如何影响公司资本结构决策行为？这就是本章所要研究的问题。

本章主要对管理者过度自信这一特质影响公司资本结构决策的原因进行理论分析。管理者其他特质因素影响资本结构决策的分析将分别在第 4 章至第 8 章阐述。

3.1　管理者特质影响公司资本结构决策分析前提

根据第 2 章的理论回顾和文献综述，可以看到影响企业资本结构决策的因素众多，如委托代理关系、信息不对称、市场的有效性和非理性及管理者非理性等因素。为了更好地考察管理者特质对公司资本结构决策的影响，避免其他因素的干扰，本章提出市场有效、有限理性、有限治理三个方面的前提作为研究基础。

1. 市场有效

有效的资本市场是指证券价格完全反映了可得信息。因此公司的市场价格不会发生价值偏离，完全体现了公司的内在价值。把本章分析建立在市场有效原则基础之上，排除了企业证券价值扭曲的可能，认为市场发出的信号是准确的，只是不同的受众感知不同，分析得出的结论不同。

市场有效的假设前提并不排除不同的管理者对公司证券价格的看法不同，采取的行动不同。管理者也是人，不是万能的神，他们的决策行为会受到自身固有认知偏差的影响，所以管理者早期生活经历、教育背景、职业经历及其认知偏差都会严重影响其对企业证券价格的看法并做出不同的决策。管理者对企业证券价值的不同看法和行动反映了其不同的心理状态或认知偏差。

2. 有限理性

企业管理者并不都是理性的，而是存在理性和有限理性两类管理者。Simon（1955）[75]把偏离完全理性的基准定义为有限理性。有限理性假设某种认知或信息收集成本，希望防止代理人出现严重偏见，在可接受程度内做出完全的最优决策。有限理性为管理者普遍使用的金融规则提供了一个合理的相当令人信服的动机。理性的管理者对其公司的价值可以做出客观的评估，对具体财务活动创造的收益也能准确估计；有限理性的管理者会存在一定的偏见，低估了企业经营过程中的风险，可能看低他人而看高自己，高估自己创造业绩的能力。

管理决策往往是非常复杂的，对管理者的心智秉性是个非常严峻的考验。长期在商海中拼搏的管理者早就练就了一身过硬的本领，自然拥有与常人不同的特质。乐观和过度自信是管理者最明显的特质。

3. 有限治理

为了制约管理者的自利行为，社会设置了各种治理机制来约束管理者的行为，促使管理者为股东利益最大化奋斗。治理机制包括内部和外部治理机制。内部治理机制主要是指董事会制度，即股东大会选举产生董事会，由董事会选任高管，公司由高管进行日常治理，董事会决定公司重大决策，并对高管的管理进行监管制约，主要包括经营者薪酬、董事会治理、监事会管理等。但董事会监管机制本身也存在着一些问题：一是董事会成员存在非理性的可能性，而且这种集体非理性还存在彼此加持的可能性。二是很多公司的高管本身就是董事会成员，有些公司的CEO还兼任董事长或者是董事会主席，而且董事会中代表中小股东和利益相关者利益的独立董事比例较低，结果董事会的监管常常是名存实亡。外部治理机制主要包括经理人市场、控制权市场和产品市场等，但是存在市场不完全和竞争不充分的问题，导致市场发挥的约束效应有限。

3.2 管理者特质对公司资本结构决策影响的理论分析

公司在确定最优资本结构时，根据权衡理论，会对负债带来的收益与成本进行权衡。理性的管理者比较和权衡负债节税收益与财务困境成本，从中寻求最合理的资产负债比率，使企业的价值达到最大化。

但是人们在决策过程中，并不只是凭借自身的知识和经验，还受当时的心理状态、问题呈现的状态、环境及技术状态等的影响。人们在不同的状态下面对相同的问题，所显示出来的偏好可能不同。公司资本结构决策行为除了受传统公司金融理论框架内的理性决策因素的影响外，还受到企业管理者非理性认知偏差的直接影响，公司代理问题及利益相关者之间的利益冲突并不是导致企业非效率投资行为产生的唯一原因。由于管理者在公司日常经营管理决策方面拥有相对较大的权力，对公司价值的影响更大，因而其非理性行为可能带来的损失也更大，特别是在投资者非理性和资本市场不完善时，管理者的一些非理性行为往往会受到投资者的大力追捧，产生畸形激励和恶性循环。

经理人的短视行为、框架依赖、处置效应、锚定效应、禀赋效应、沉没成本谬误和证实偏见等非理性认知偏差都会对公司的融资决策行为造成不良影响。

以下就管理者特质视角研究公司资本结构的影响因素,首先分析管理者过度自信下的公司资本结构,其次分析管理者部分常见特质如年龄、性别对公司资本结构决策的影响,本书研究的管理者其他特质如管理者早期生活经历、从军经历、教育背景、职业经历以及胜任力识别等将在第 4 章至第 8 章重点阐述。

1. 管理者过度自信下的公司资本结构

如同理性的管理者一样,过度自信的管理者在进行公司资本结构决策时,所依据的也是边际税收利益与边际财务困境成本。但因管理者低估公司未来产生现金流危机的风险,不认为公司会有财务困境,同时又对自己的能力充满信心,并且过分相信公司的盈利能力,从而大胆举债,导致公司负债偏高,使得公司的资本结构偏离了最优结构,损害了公司价值。过度自信的管理者主要通过以下三种途径影响公司资本结构决策。

①过度自信的管理者低估公司的经营风险。公司经营风险是指公司经营上由于不确定、不可控的因素,导致产品的研发、生产、销售等成本上升和利润下降的风险,是公司内在和必然的风险。公司的经营风险又因财务杠杆而进一步被扩大,因此经营风险是影响公司资本结构的主要因素,在确定资本结构时需充分考虑。经营风险和公司债务的合理搭配,能使公司获得较高的收益,同时又将公司的风险控制在一定范围,以便获得较大的风险报酬。过度自信的管理者过分相信自己的能力,认为自己完全能够控制成本、把握销售、掌控利润,经常忽视公司的经营风险。根据杠杆匹配原理 [高(低)财务杠杆与低(高)经营杠杆相结合],因过度自信的管理者过低估计公司的财务风险、勇于举债,导致公司负债比率升高。

②过度自信的管理者高估公司的盈利能力。企业之所以能够负

债经营，源于其有足够的盈利能力，企业的负债水平与其盈利能力正相关。过度自信的管理者过分相信自己有着十分出众的经营能力，可以很好地驾驭公司经营中的一切不确定性。公司在自己的经营管理下，有足够的盈利能力，根本不可能存在财务困境，因此勇于举债，以便能够得到更多的税收减免，提升公司的价值，从而导致公司负债率过高。

③过度自信的管理者低估公司陷入财务困境的可能性。充足和稳定的现金流是公司能够按时偿还债务的保障前提。企业的现金流主要是由经营现金流决定的。过度自信的管理者认为自己经营的公司有足够丰厚的利润，可以产生足够支配的经营现金流，因而公司几乎不存在难以按时还本付息的可能性。因此，过度自信的管理者在进行公司资本结构决策时，会造成较多的债务并加以利用。

综上所述，过度自信的管理者影响企业资本结构决策，导致资本结构发生偏差，而非最优化。

2. 管理者其他特质对公司资本结构决策的影响分析

这里主要分析管理者年龄、性别这些可能影响公司资本结构决策常态的可度量的因素，管理者其余特质将分别在第 4 章至第 8 章重点分析。

心理学和行为学相关研究认为：

①性别是影响个体决策认知偏差的重要因素。心理学研究 [Lundeberg、Fox 和 Puncochar (1994)[76]，Beyer (1990)[77]] 发现男性经常高估自己的能力，尤其是在领导能力、与别人相处能力等方面。Barber 和 odean (2001)[78]分析不同性别账户上的交易情况，发现总体上男性投资者的年度交易量比女性投资者的相应交易量高出 20% 以上，而更高的交易量却没有给男性投资者带来高的收益率。Peng 和 wei (2007)[79]采用性别作为管理者过度自信的替代变量，检验了 Malmendier 和 Tate (2005a)[32]的研究，发现女性管理者相较男性管理者，过度自信的倾向更小，其公司的投资对现金流更

不敏感。

②年龄因素是影响个体认知过程的重要因素。Taylor 和 Brown（1988）[80]研究发现，年长的管理者在决策前的准备工作更加充分，收集的信息更多；在决策过程中也总是思前想后，耗时也更长；在发表意见时更加模棱两可。究其原因，有可能是年长者的经历更加丰富，经历过的失误或挫折更多，导致他们更加谨慎地审视自己的能力，对所掌握的信息也总是多一份怀疑。相对而言，年轻人显得少不更事，经历的挫折更少，更加朝气蓬勃，锐不可当。相比于年长者的老于世故，年轻人更争强好胜、更过度自信。

另外，教育程度、教育背景、以往业绩、任期以及专业技能等也是影响个体决策的重要因素。认知心理学研究表明相比于一般人，专家在任务难度较小时，预测的准确性更高。Bhandari 和 Deaves（2006）[81]调查研究了2000名基金投资者，发现受过更高教育的投资者更加过度自信，对自己预测的准确性估计更高。Thaler 和 Johnson（1990）[82]、Gervais 和 Odean（2001）[83]，以及 Deaves、Lüders 和 Schröder（2010）[84]等都证实以往的成功经历是个体自信心理的强化剂。

还有，管理者作为有限理性者，其个人特质可能会影响公司资本结构决策，因此后面章节沿着管理者早期生活经历、教育背景、职业经历和"胜任力"识别多角度探讨其对公司资本结构决策的影响。另外，由于已有大量文献研究管理者过度自信对公司资本结构的影响，因此管理者过度自信这一特质对公司资本结构的影响本章不再赘述。但是考虑管理层的过度自信对公司资本结构决策的影响，实证过程中同时考察管理层过度自信对管理者特质影响公司资本结构的约束。

第4章 管理者早期生活经历与公司资本结构决策

本章从资本结构选择角度，探寻管理者早期生活经历（困难生活经历与从军经历）对公司资本结构选择的影响程度及作用机理。具体内容安排如下：首先是研究问题的提出，其次针对研究问题进行研究设计，最后实证分析管理者早期生活经历（早期困难生活经历与从军经历）对资本结构的影响，并对公司资本结构构成成分进一步细分研究。

4.1 引言

什么是公司融资决策的基本因素？传统理论重点是在公司、产业和市场层面上的解释，如利率支付的减税和破产成本之间的权衡，或者公司和资本市场［Miller（1977）[4]、Myers（1984）[13]、Myers 和 Majluf（1984）[14]］之间的信息不对称。在资本市场，这些传统理论解释了融资决策非常重要的一部分。然而，最近研究证明，在资本结构中公司特有的黏性，与传统理论预测不太一致［Lemmon、Roberts 和 Zender（2008）[85]］。而且，最优资本结构现代动量理论给基本面类似的公司，为一个共同的目标而提供了一定操作空间，预测这些差异的因素不太清晰。

本章研究公司管理者（CEO 和 CFO）特征，解释影响最优融资决策的剩余变量。既考虑资本结构相关的管理者信念（如过度自信），也考虑塑造管理者性格的早期经历（困难经历、从军经历）。与管理固定效应相反，确定具体管理特点，推导其影响融资决策，并用实证测度它们的影响。为了避免与公司特征混淆，例如与公司内在匹配的CEO［Graham、Harvey和Puri（2017）[86]］，本章比较同一家公司的不同特征的管理者（CEO和CFO）对公司资本结构决策的影响。

本章考虑管理者可能影响融资决策的个人经历变量。现有证据显示，个人很大程度上受其早期经历影响［例如，Elder（1998）[87]］。检测管理者两个可度量的可能经历，且是影响管理者（CEO和CFO）样本显著部分的早期经历：困难时期长大和从军经历。困难经历使其对于外部资本市场具有更少的神秘性［Graham和Narasimhan（2004）[88]、Schoar（2007）[89]、Malmendier和Nagel（2011）[90]］。因此具有困难经历的CEO更少使用外部融资。从军经历，尤其是经历过战斗者，在早年成年期，对退伍生活的选择及决策方面具有持久的影响［Elder（1986）[91]，Elder和Clipp（1989）[92]，Elder、Gimbel和Ivie（1991）[93]］，可能更加激进和冒险。这些管理者特征在后期对公司资本结构选择的影响可能更加扩大。

本章第一部分是引言。本章第二部分是理论分析与研究假设。本章第三部分则进行实证分析：首先是数据描述和相关分析，然后检验公司资本结构的CEO早期生活经历效应，再对CFO进行类似生活经历效应研究；从管理者早期生活经历视角，充分考虑公司治理、管理层是否过度自信、企业性质等因素并探讨其对公司资本结构的影响。本章第四部分是实证结果与展望。

4.2 理论分析与研究设计

4.2.1 理论分析

Malmendier等（2012）[61]提出一个不同的途径评价经理人个人特质的经验重要性：区分不同的管理角色和检验管理特质是否关乎

管理者决策。

最近的研究为"个人经历影响企业融资决策"提供了证据。Malmendier 和 Tate（2005a）[32]、Malmendier 及 Tate 和 Yan（2011）[62] 的研究表明，由成长于大萧条时期的经理人经营的公司反对负债，而由具有军事经历的管理者经营的公司却有较高的杠杆。一些研究还发现，个人经历影响个人的投资行为和融资预期。

决策经验的重要性得到心理学文献的支撑［Nisbett 和 Ross（1980）[65]、Kahneman 和 Tversky（1979）[94]、Tversky 和 Craig（1995）[95]、Kahneman 等（1991）[96]、Weber 等（2002）[97]］。研究表明，经历可能导致与基于期望效用理论的个人决策不同，因为他们只获得过去结果的样本而不是完整的结果分布［例如，Hertwig、Barron、Weber 和 Erev（2004）[66]，Hertwig 和 Erev（2009）[67]，Hertwig（2012）[68]］。基于这些文献，探索先前的早期生活经历是否影响公司管理者的融资决策。这种经历会改变管理者的风险偏好或预期，因此导致管理者贯彻更为保守的财务政策。这一假设符合描述的"热炉效应"［Denrell 和 March（2001）[98]］，这意味着偏见规避风险选择避免过去导致糟糕的结果的行动。

4.2.2 研究假设

与传统金融理论完全建立在理性决策基础之上不同的是，行为金融学认为人们的行为不仅被客观环境所制约，也被主观心理因素所左右，经济活动的参与者并非都是完全理性的，而是有限理性的。上市公司各种决策行为，如公司的融资渠道、企业并购等行为可能与现实经济情况并不相符。例如，Hertwig、Barron、Weber 和 Erew（2004）[66]，Hertwig 和 Erev（2009）[67]，Hertwig（2012）[68] 等研究发现企业管理者基于个人经验的决策不同于基于期望效用理论的决策。所以行为金融研究者在研究企业金融理论时，引入了心理学与行为学理论，着重考虑行为主体在各种心理因素影响下的各种行为。

心理学和行为学的理论告诉我们，个人过去的经验教训对于当前或者未来行为可能会有一定程度的影响，特别是当时的情景再次重现时，尘封的记忆便会再次泛起，虽历久而弥新，不自觉地影响人们的思维和行动。正如俗话所说"前事不忘，后事之师"，人们就是在不断总结自己或他人的经验教训的过程中逐渐成长成熟。也正是因为可能发生情景重现，生活经历对管理者现时的公司经营决策有一定的影响，并且直接关系到管理者公司决策的执行。例如，Kaustia 和 Knüpfer（2008）[99]、Chiang 等（2011）[100]证明经历过 IPO 高回报者更趋向投资 IPO 市场。

甜蜜的回忆固然令人神往，痛苦的经历却更加历久绵长，让人难以忘怀，所谓"一朝被蛇咬，十年怕井绳"。经历过生活困境的管理者一般会高估发生困境的可能，从而降低资产负债率，采取保守的融资决策，以对冲可能发生的困境。过去的生活经历可能改变管理者的风险偏好或者期望，从而执行更加保守的财务决策［March（1996）[101]，Denrell 和 March（2001）[98]，Denrell（2007）[102]］。Malmendier 和 Nagel（2011）[90]发现经历过低收益的管理者更不愿意承担融资风险，更不愿意参与股票市场融资。根据以上分析，本章提出第一个研究假设：

研究假设 H_{4-1}：早期经历过困难时期的管理者在风险资本市场比其他管理者更保守。

有从军经历的管理者更具有冒险精神、更坚韧和有毅力，反应敏捷，能承受大的风险，因此根据以上分析，本章提出第二个研究假设：

研究假设 H_{4-2}：有从军经历的管理者比其他管理者有更高的杠杆。

4.2.3 研究样本数据及模型构建

1. 样本数据及处理

本章选择 2006—2013 年我国 A 股上市公司为样本，并做了如下处理：①剔除了金融类上市公司；②剔除 ST、*ST 和 PT 上市公司；③剔除样本期内出现负债率小于0的样本；④剔除数据缺失的样本；⑤剔除三个被解释变量滞后一期缺失样本的观测值，共采集2006—2013年样本1927家上市公司、2489名CEO和2622名CFO（其中CEO兼CFO的管理者19位），共12861个观测值；⑥建模数据再对主要变量进行了五倍标准差异常值剔除。所有公司数据和公司治理数据都来自CSMAR数据库和《中国统计年鉴》（2001—2014年），其中管理者部分个人特征数据来自手工整理，其余通过SAS编程处理。在公司层面变量与管理者层面变量中剔除缺失值。建模数据最终共采集2006—2013年样本1922家上市公司、2478名CEO和2613名CFO（其中CEO兼CFO的管理者19位），共12818个观测值。

2. 研究变量及构建研究模型：

（1）被解释变量

①资本结构（*Lev*）变量。借鉴周开国和徐亿卉（2012）[103]将资本结构（*Lev*）作为本章的被解释变量，采用多种方式的负债率来衡量。在已有文献中较常出现的主要有总负债率（总负债/总资产）和长期负债率（长期负债/总资产）两种。Titman和Wessels（1988）[104]指出，公司在设定负债率时，可能以账面价值作为决策依据，也可能采用市场价值。因此，为保证研究的全面性，本章选用3种负债率度量方式进行研究，分别是账面价值总负债率（总负债/总资产，用*Tlev*表示）以及账面价值的短期负债率和长期负债率（流动负债/总资产和长期负债/总资产，分别用*Flev*和*Llev*表示）。这与以往研究[Rajan和Zingales（1995）[105]，Fama和French（2002）[106]]的负债率设定具有一致性。

②补充两个资本结构的构成指标：短期借款比率（*ST*）：短期借款/总资产；长期借款比率（*LT*）：长期借款/总资产。

（2）解释变量

①困难经历（*DifficultExp*）：1960年之前出生的管理者取值为1，其余取值为0。以经历过三年困难时期以及"文化大革命"的为标准。

②从军经历（*MilitaryExp*）：具有军队服务经历的管理者取值为 1，否则取值为 0。

（3）管理者层面的控制变量

①年龄（*Mage*）：（当年年份—出生年份）的自然对数。

②性别（*Gender*）：管理者若为男性则取值为 1，女性则取值为 0。

③任期（*Tenure*）：管理者在本公司任职期限。

④过度自信度量（*Moverconfidence*）：借鉴高登云（2013）[107]用管理层持股数变化测度，以某公司年末管理层持股数－前一年年末管理层持股数，该值大于 0，表明管理层过度自信；反之，则信心不足。

（4）公司层面的控制变量

一些会影响资本结构的时变变量也作为回归模型的解释变量。

①公司规模（*SIZE*）：总营业收入消除通胀因素后的自然对数，稳健性检验规模用消除通胀因素后的总资产自然对数。

②成长能力（*Growth*）：采用公司总资产增长率度量；稳健性检验采用成长机会（*Tobin's Q*）替代 *Growth*：（非流通股×每股净资产＋流通股×年平均股价＋债务账面价值）/总资产账面价值，其中非流通股市值（非流通股×每股净资产）用净资产替代。

③盈利能力（*ROA*）：总资产收益率＝净利润/年末总资产。

④有形资产（*Tang*）：（固定资产＋存货）/总资产。

⑤非债务税盾（*Dep*）：固定资产折旧/总资产。

⑥产权性质（*NPR*）：国有企业取值为 1，非国有企业取值为 0。

控制了实证研究中常见的资本结构决定因素，包括公司规模、成长机会、盈利能力、有形资产、非债务税盾、产权性质、行业和年度（虚拟变量）等变量，这与姜付秀和黄继承（2013）[70]以及贾明琪、罗浩和辛江龙（2015）[108]的研究基本一致。

（5）公司治理变量（*Governance*）

本章借鉴白重恩等（2005）[109]、张会丽和陆正飞（2012）[110]以及方红星和金玉娜（2013）[111]的研究方法，采用公司治理包括激励和监督两大机制，广泛考察反映我国公司治理水平的各种因素，分别从激励和监督两方面选取相应变量,进行因子分析,选取主因子得分与主因子方差贡献率在主因子总贡献率比重为权重计算得到的综合得分作为公司治理度量指标。综合得分越高,公司治理结构越完善,反之越差。

(6) 监督机制选取

第一大股东持股比例、第二至第五大股东持股比例(第二至第五大股东持股比例之和)、十大股东文件、独立董事比例、董事长与总经理是否兼任(兼任为1,非兼任为0)、董事会规模、监事会规模、董事会会议次数、监事会会议次数。

(7) 激励机制选取

公司治理的激励对象主要是高层管理者,由于我国领取薪酬和持有股权的董事和监事属于执行董事和执行监事,是上市公司的实际管理者,因此对董事和监事的激励也是激励机制的重要组成部分。

激励机制选取董事持股比例(董事持股数/流通股数)、监事持股比例(监事持股数/流通股数)、高级管理者持股比例(高级管理者持股数/流通股数)、领取薪酬的董事比例、领取薪酬的监事比例、前三名高管薪酬(取自然对数)。

本章变量描述及公式见表4-1。

表4-1 变量描述及公式

	变量(变量名)	变量描述及公式
被解释变量	资本结构(负债率)($Tlev$)	总负债/总资产
	流动资产负债率($Flev$)	流动负债/总资产
	长期资产负债率($Llev$)	长期负债/总资产
	短期借款比率(ST)	短期借款/总资产
	长期借款比率(LT)	长期借款/总资产
解释变量	困难经历($DifficultExp$)	1960年之前出生的管理者取值为1,其余取值为0
	从军经历($MilitaryExp$)	具有军队服务经历的管理者取值为1,否则取值为0

续表

		变量（变量名）	变量描述及公式
控制变量	管理者层面	年龄（Mage）	管理者年龄的自然对数
		性别（Gender）	管理者若是男性则取值为1，女性则取值为0
		任期（Tenure）	管理者在本公司任职期限
		过度自信度量（Moverconfidence）	参见高登云（2013）[107]用管理层持股数变化测度，以某公司年末管理层持股数－前一年年末管理层持股数，该值大于0，表明管理层过度自信；反之，则信心不足
	公司层面	公司治理（Governance）	从激励机制和监督机制两方面选取相应变量，进行因子分析，综合得分作为公司治理结构度量指标
		公司规模（SIZE）	总营业收入消除通胀因素后的自然对数，稳健性检验规模用消除通胀因素后的总资产自然对数
		成长能力（Growth）	总资产增长率；稳健性检验采用成长机会（Tobin's Q）
		盈利能力（ROA）	总资产收益率：净利润/总资产
		有形资产（Tang）	（固定资产＋存货）/总资产
		非债务税盾（Dep）	固定资产折旧/总资产
		行业（Ind）	锐思数据库行业分类
		产权性质（NPR）	国有企业为1，非国有企业为0
		年度哑变量（Year）	属于该年度为1，否则为0

考虑到我国资本市场的特殊性，Tobin's Q 采用连玉君等（2010）[112]所建议的计算方法：（非流通股×每股净资产＋流通股×年平均股价＋负债的账面价值）/总资产账面价值。公司的总市值为总负债的账面价值与股票市场价值之和。流通股的市值等于流通股年平均股价乘以流通股股本数，非流通股市值等于股本数乘以每股净资产。负债的市值用账面值替代，资产重置成本用总资产的账面价值替代。

3. 研究模型及方法

（1）CEO 早期生活经历与公司资本结构

$$Tlev_{i,j} = \beta_{0,i,j} + \beta_{1,i,j}CEOLifeExp_{h,i,j} + \beta_{2,i,j}Governance_{i,j} +$$
$$\beta_{3,i,j}Moverconfidence_{i,j} + \beta_{4,i,j}CEOLifeExp_{h,i,j} \times Governance_{i,j} +$$
$$\beta_{5,i,j}CEOLifeExp_{h,i,j} \times Moverconfidence_{i,j} +$$
$$\sum_{k=6}^{11}\beta_{k,i,j}Firmlevelvariables_{i,j} + \sum_{k=12}^{15}\beta_{k,i,j}CEOlevelvariables_{i,j} +$$
$$\sum_{k=16}^{23}\beta_{k,i,j}Year_{k,i,j} + \sum_{k=24}^{41}\beta_{k,i,j}Ind_{k,i,j} + \varepsilon_{i,j} \quad (4-1)$$

$$Flev_{i,j} = \beta_{0,i,j} + \beta_{1,i,j}CEOLifeExp_{h,i,j} + \beta_{2,i,j}Governance_{i,j} +$$
$$\beta_{3,i,j}Moverconfidence_{i,j} + \beta_{4,i,j}CEOLifeExp_{h,i,j} \times Governance_{i,j} +$$
$$\beta_{5,i,j}CEOLifeExp_{h,i,j} \times Moverconfidence_{i,j} +$$
$$\sum_{k=6}^{11}\beta_{k,i,j}Firmlevelvariables_{i,j} + \sum_{k=12}^{15}\beta_{k,i,j}CEOlevelvariables_{i,j} +$$
$$\sum_{k=16}^{23}\beta_{k,i,j}Year_{k,i,j} + \sum_{k=24}^{41}\beta_{k,i,j}Ind_{k,i,j} + \varepsilon_{i,j} \quad (4-2)$$

$$Llev_{i,j} = \beta_{0,i,j} + \beta_{1,i,j}CEOLifeExp_{h,i,j} + \beta_{2,i,j}Governance_{i,j} +$$
$$\beta_{3,i,j}Moverconfidence_{i,j} + \beta_{4,i,j}CEOLifeExp_{h,i,j} \times Governance_{i,j} +$$
$$\beta_{5,i,j}CEOLifeExp_{h,i,j} \times Moverconfidence_{i,j} +$$
$$\sum_{k=6}^{11}\beta_{k,i,j}Firmlevelvariables_{i,j} + \sum_{k=12}^{15}\beta_{k,i,j}CEOlevelvariables_{i,j} +$$
$$\sum_{k=16}^{23}\beta_{k,i,j}Year_{k,i,j} + \sum_{k=24}^{41}\beta_{k,i,j}Ind_{k,i,j} + \varepsilon_{i,j} \quad (4-3)$$

$$ST_{i,j} = \beta_{0,i,j} + \beta_{1,i,j}CEOLifeExp_{h,i,j} + \beta_{2,i,j}Governance_{i,j} +$$
$$\beta_{3,i,j}Moverconfidence_{i,j} + \beta_{4,i,j}CEOLifeExp_{h,i,j} \times Governance_{i,j} +$$
$$\beta_{5,i,j}CEOLifeExp_{h,i,j} \times Moverconfidence_{i,j} +$$
$$\sum_{k=6}^{11}\beta_{k,i,j}Firmlevelvariables_{i,j} + \sum_{k=12}^{15}\beta_{k,i,j}CEOlevelvariables_{i,j} +$$
$$\sum_{k=16}^{23}\beta_{k,i,j}Year_{k,i,j} + \sum_{k=24}^{41}\beta_{k,i,j}Ind_{k,i,j} + \varepsilon_{i,j} \quad (4-4)$$

$$LT_{i,j} = \beta_{0,i,j} + \beta_{1,i,j}CEOLifeExp_{h,i,j} + \beta_{2,i,j}Governance_{i,j} +$$
$$\beta_{3,i,j}Moverconfidence_{i,j} + \beta_{4,i,j}CEOLifeExp_{h,i,j} \times Governance_{i,j} +$$

$$\beta_{5,i,j}CEOLifeExp_{h,i,j} \times Moverconfidence_{i,j} +$$
$$\sum_{k=6}^{11}\beta_{k,i,j}Firmlevelvariables_{i,j} + \sum_{k=12}^{15}\beta_{k,i,j}CEOlevelvariables_{i,j} +$$
$$\sum_{k=16}^{23}\beta_{k,i,j}Year_{k,i,j} + \sum_{k=24}^{41}\beta_{k,i,j}Ind_{k,i,j} + \varepsilon_{i,j} \quad (4-5)$$

（2）CFO 早期生活经历与资本结构选择

$$Tlev_{i,j} = \beta_{0,i,j} + \beta_{1,i,j}CFOLifeExp_{h,i,j} + \alpha_m\beta_{2,j,k}CEOLifeExp_{h,j,k} +$$
$$\beta_{3,i,j}Governance_{i,j} + \beta_{4,i,j}Moverconfidence_{i,j} +$$
$$\beta_{5,i,j}CFOLifeExp_{h,i,j} \times Governance_{i,j} +$$
$$\beta_{6,i,j}CFOLifeExp_{h,i,j} \times Moverconfidence_{i,j} +$$
$$\sum_{k=7}^{12}\beta_{k,i,j}Firmlevelvariables_{i,j} + \alpha_m\sum_{k=13}^{16}\beta_{k,i,j}CEOlevelvariables_{i,j} +$$
$$\sum_{k=17}^{20}\beta_{k,i,j}CFOlevelvariables_{k,i,j} + \sum_{k=21}^{28}\beta_{k,i,j}Year_{k,i,j} +$$
$$\sum_{k=29}^{46}\beta_{k,i,j}Ind_{k,i,j} + \varepsilon_{i,j} \quad (4-6)$$

$$Flev_{i,j} = \beta_{0,i,j} + \beta_{1,i,j}CFOLifeExp_{h,i,j} + \alpha_m\beta_{2,j,k}CEOLifeExp_{h,j,k} +$$
$$\beta_{3,i,j}Governance_{i,j} + \beta_{4,i,j}Moverconfidence_{i,j} +$$
$$\beta_{5,i,j}CFOLifeExp_{h,i,j} \times Governance_{i,j} +$$
$$\beta_{6,i,j}CFOLifeExp_{h,i,j} \times Moverconfidence_{i,j} +$$
$$\sum_{k=7}^{12}\beta_{k,i,j}Firmlevelvariables_{i,j} + \alpha_m\sum_{k=13}^{16}\beta_{k,i,j}CEOlevelvariables_{i,j} +$$
$$\sum_{k=17}^{20}\beta_{k,i,j}CFOlevelvariables_{k,i,j} + \sum_{k=21}^{28}\beta_{k,i,j}Year_{k,i,j} +$$
$$\sum_{k=29}^{46}\beta_{k,i,j}Ind_{k,i,j} + \varepsilon_{i,j} \quad (4-7)$$

$$Llev_{i,j} = \beta_{0,i,j} + \beta_{1,i,j}CFOLifeExp_{h,i,j} + \alpha_m\beta_{2,j,k}CEOLifeExp_{h,j,k} +$$
$$\beta_{3,i,j}Governance_{i,j} + \beta_{4,i,j}Moverconfidence_{i,j} +$$
$$\beta_{5,i,j}CFOLifeExp_{h,i,j} \times Governance_{i,j} +$$
$$\beta_{6,i,j}CFOLifeExp_{h,i,j} \times Moverconfidence_{i,j} +$$
$$\sum_{k=7}^{12}\beta_{k,i,j}Firmlevelvariables_{i,j} + \alpha_m\sum_{k=13}^{16}\beta_{k,i,j}CEOlevelvariables_{i,j} +$$

$$\sum_{k=17}^{20}\beta_{k,i,j}CFOlevelvariables_{k,i,j} + \sum_{k=21}^{28}\beta_{k,i,j}Year_{k,i,j} +$$

$$\sum_{k=29}^{46}\beta_{k,i,j}Ind_{k,i,j} + \varepsilon_{i,j} \quad (4-8)$$

$$ST_{i,j} = \beta_{0,i,j} + \beta_{1,i,j}CFOLifeExp_{h,i,j} + \alpha_m\beta_{2,j,k}CEOLifeExp_{h,j,k} +$$
$$\beta_{3,i,j}Governance_{i,j} + \beta_{4,i,j}Moverconfidence_{i,j} +$$
$$\beta_{5,i,j}CFOLifeExp_{h,i,j} \times Governance_{i,j} +$$
$$\beta_{6,i,j}CFOLifeExp_{h,i,j} \times Moverconfidence_{i,j} +$$
$$\sum_{k=7}^{12}\beta_{k,i,j}Firmlevelvariables_{i,j} + \alpha_m\sum_{k=13}^{16}\beta_{k,i,j}CEOlevelvariables_{i,j} +$$
$$\sum_{k=17}^{20}\beta_{k,i,j}CFOlevelvariables_{k,i,j} + \sum_{k=21}^{28}\beta_{k,i,j}Year_{k,i,j} +$$
$$\sum_{k=29}^{46}\beta_{k,i,j}Ind_{k,i,j} + \varepsilon_{i,j} \quad (4-9)$$

$$LT_{i,j} = \beta_{0,i,j} + \beta_{1,i,j}CFOLifeExp_{h,i,j} + \alpha_m\beta_{2,j,k}CEOLifeExp_{h,j,k} +$$
$$\beta_{3,i,j}Governance_{i,j} + \beta_{4,i,j}Moverconfidence_{i,j} +$$
$$\beta_{5,i,j}CFOLifeExp_{h,i,j} \times Governance_{i,j} +$$
$$\beta_{6,i,j}CFOLifeExp_{h,i,j} \times Moverconfidence_{i,j} +$$
$$\sum_{k=7}^{12}\beta_{k,i,j}Firmlevelvariables_{i,j} + \alpha_m\sum_{k=13}^{16}\beta_{k,i,j}CEOlevelvariables_{i,j} +$$
$$\sum_{k=17}^{20}\beta_{k,i,j}CFOlevelvariables_{k,i,j} + \sum_{k=21}^{28}\beta_{k,i,j}Year_{k,i,j} +$$
$$\sum_{k=29}^{46}\beta_{k,i,j}Ind_{k,i,j} + \varepsilon_{i,j} \quad (4-10)$$

其中，$Tlev_{i,j}$、$Flev_{i,j}$、$Llev_{i,j}$、$ST_{i,j}$ 和 $LT_{i,j}$——第 i 年第 j 家公司总负债率、短期负债率、长期负债率、短期借款比率和长期借款比率；$CEOLifeExp_{h,i,j}$（$CFOLifeExp_{h,j,k}$）——第 i 年第 j 家 CEO（CFO）第 h 种早期生活经历（$h=1$ 表示困难生活经历，$h=2$ 表示从军经历）；$Governance_{i,j}$——第 i 年第 j 家公司的公司治理变量；$Moverconfidence_{i,j}$——第 i 年第 j 家公司过度自信变量；$Firmlevelvariables_{i,j}$——第 i 年第 j 家公司的公司层面变量，包括公司治理、成长能力、规模、盈利能力、有形资产、非债务税盾和产权性质；*CEO levelvari-*

$ables_{i,j}$（$CFO\ levelvariables_{i,j}$）——第 i 年第 j 家公司CEO（CFO）年龄、性别和任期；α_m 分为取值0（未考虑CEO约束）与1（考虑CEO约束）两种情况；$\varepsilon_{i,j}$ 为随机误差项。

4.3 实证分析

4.3.1 描述统计

1. 公司层面

相关统计数据如表4-2所示。

就公司层面变量而言，2006—2013年1927家公司的12861个观测值的资本结构 $Tlev$、$Flev$、$Llev$ 均值为0.663、0.548和0.077，中位数分别为0.499、0.394和0.026，最大值为877.256、800.298和2.374，而最小值均为0，标准差为10.966、9.982和0.120，说明资本结构在企业间存在明显差异，这为本章研究提供了数据支持；公司治理结构变量最大值为3.750、最小值为-1.270、均值为0.047，说明公司治理结构在公司间差别大，公司治理结构的差异对公司资本结构影响是否显著需进一步检验。

管理者层面全样本数据描述统计显示，具有困难经历者均值为0.230，而具有军队经历者均值仅0.002；年龄均值为45.133岁，年龄最小者才27岁，而最大者已是70岁；任期年限均值为1.171年，最长时间任期达到16年，可见长时间未更换管理者有之；管理层过度自信均值为0.292。以上管理者变量差异显著，回归过程有必要进一步控制年龄、性别、任期以及管理层是否过度自信。同时，从描述统计可看出存在异常值，建模过程中需剔除异常值，以免影响结果的稳定性。

2. 管理者层面

相关统计数据如表4-3所示。

从分组描述统计表4-3可以看出，管理者中男性占绝大多数，CEO观测样本中男性占比94.2%，CFO中男性占比相对低些，但也

表4-2 管理者困难生活经历和从军经历相关描述统计

面板A：公司层面变量

变量	N	均值	中位数	最小值	最大值	标准差	偏度	峰度
Tlev	12861	0.663	0.499	0	877.256	10.966	79.459	6348.72
Flev	12861	0.548	0.394	0	800.298	9.982	79.987	6407.15
Llev	12861	0.077	0.026	0	2.374	0.120	4.668	56.851
Governance	12861	0.047	0.020	-1.270	3.750	0.385	1.225	7.094
SIZE	12861	19.433	19.366	9.563	27.043	1.561	0.011	2.574
Growth	12861	0.964	0.112	-1.000	3741.24	46.900	78.946	6290.87
ROA	12861	-0.294	0.038	-2146.16	2.810	26.763	-80.179	6427.77
Tang	12861	0.442	0.439	0	0.971	0.186	0.035	-0.482
Dep	12861	0.262	0.229	0	0.971	0.184	0.749	0.058
NPR	12861	0.543	1	0	1	0.498	-0.175	-1.970

面板B：管理者层面变量

变量	N	均值	中位数	最小值	最大值	标准差	偏度	峰度
Difficultexp	12861	0.230	0	0	1	0.421	1.283	-0.354
MilitaryExp	12861	0.002	0	0	1	0.042	23.587	554.435
Mage	12861	45.133	45	27	70	6.500	0.247	-0.207
Gender	12861	0.827	1	0	1	0.378	-1.727	0.983
Tenure	12861	1.171	1	0	16	1.414	2.505	10.712
Moverconfidence	12861	0.292	0	0	1	0.455	0.912	-1.168

达71.6%；样本中兼任 CEO 和 CFO 的管理者有 30 个，其中女性只有 3 个，无从军经历；不论是具有困难生活经历还是从军经历，CEO 占比均比 CFO 占比高。具有困难生活经历的 CEO 和 CFO 分别占 28.8% 和 17.4%；具有军队服务经历的 CEO 和 CFO 分别占 3% 和 1%；CEO 的平均年龄比 CFO 的平均年龄高 3.192 岁；CEO 兼 CFO 管理者 30 个观测样本中，具有困难生活经历的比重为 13.3%。

从表 4-4 可以看出，样本中 CEO 具有早期困难生活经历的管理者比重较高，为 28.78%；具有从军经历的管理者比重较低，只有 0.28%。

3. 按类型分样本主要变量描述性统计

表 4-5 的面板 A 分企业类型和管理层是否过度自信两种类型对各自的主要变量均值进行 T 检验。结果显示，公司总负债率、短期负债率和长期负债率均值两个类型均存在显著差异；困难生活经历和军队经历方面，只有困难生活经历按照企业性质分组存在显著差异。因此，实证分析中控制企业性质与管理层是否过度自信两个变量。表 4-5 的面板 B 是三个被解释变量按照变量是否具有困难生活经历和是否具有军队经历进行 T 检验。结果显示，三个被解释变量只有是否具有困难生活经历无差异，其余均是显著差异。

4.3.2 管理者困难生活经历和从军经历与公司特征相关分析

由表 4-6（管理者困难经历和从军经历与公司特征相关系数）可知，管理者困难生活经历和从军经历与公司总负债率之间存在正的相关关系，而与短期负债率和长期负债率之间存在负的相关关系，这些相关系数除了管理者从军经历与长期负债率之间相关系数不显著外，其余相关系数均显著。其中管理者困难生活经历和从早经历和公司总负债之间的相关系数在 1% 显著性水平下相关，与短期负债率之间在 5% 显著性水平下相关；管理者困难生活经历和长期负债率之间在 5% 显著性水平下相关。

表4-3 分CEO和CFO两组管理者描述统计

面板A：统计描述

	变量	N	均值	中位数	最小值	最大值	标准差	偏度	峰度
CEO	DifficultExp	6317	0.288	0	0	1	0.453	0.938	-1.121
	MilitaryExp	6317	0.003	0	0	1	0.053	18.658	346.222
	Mage	6317	46.761	46	27	70	6.036	0.125	0.018
	Gender	6317	0.942	1	0	1	0.233	-3.798	12.426
	Tenure	6317	1.198	1	0	14	1.421	2.459	10.146
	Moverconfidence	6317	0.278	0	0	1	0.448	0.989	-1.023
CFO	DifficultExp	6574	0.174	0	0	1	0.379	1.719	0.954
	MilitaryExp	6574	0.001	0	0	1	0.028	36.227	1310.80
	Mage	6574	43.569	43	27	70	6.543	0.488	-0.051
	Gender	6574	0.716	1	0	1	0.451	-0.958	-1.081
	Tenure	6574	1.145	1	0	16	1.404	2.552	11.310
	Moverconfidence	6574	0.306	0	0	1	0.461	0.843	-1.290

续表

变量		N	均值	中位数	最小值	最大值	标准差	偏度	峰度
CEO 兼 CFO	DifficultExp	30	0.133	0	0	1	0.346	2.273	3.386
	MilitaryExp	30	—	—	—	—	—	—	—
	Mage	30	45.167	45	34	59	5.972	0.530	0.133
	Gender	30	0.900	1	0	1	0.305	-2.809	6.308
	Tenure	30	1.000	1	0	4	1.017	1.053	1.181
	Moverconfidence	30	0.233	0	0	1	0.430	1.328	-0.257

表4-4 管理者早期生活经历频数分布

指标	早期生活经历（%）		
	CEO	CFO	CEO 兼 CFO
DifficultExp	28.78	17.42	13.33
MilitaryExp	0.28	0.08	0.00

表4-5 高管早期生活经历与公司资本结构分类型T检验比较

面板A

项目	企业类型			管理层是否过度自信			T检验	
	国企(1)	私企(2)		是(3)	否(4)		(1)-(2)	(3)-(4)
N	6953	5816		3710	9059		12769	12769
Tlev	0.5165	0.5375		0.4813	0.5444		1.88*	5.76***
Flev	0.4135	0.4552		0.4023	0.4448		4.68***	4.56***
Llev	0.0920	0.0518		0.0646	0.0774		-22.65***	6.58***
DifficultExp	0.2806	0.1676		0.2264	0.2303		15.51***	0.47
MiliaryExp	0.00230	0.00120		0.00135	0.00199		1.50	0.84

面板B

项目	是否具有困难生活经历			是否具有军队经历			T检验	
	是(1)	否(2)		是(3)	否(4)		(1)-(2)	(3)-(4)
N	2926	9843		23	12746		12769	12769
Tlev	0.5285	0.5254		0.6449	0.5259		-0.27	-2.54**
Flev	0.4213	0.4358		0.5728	0.4322		1.96*	-2.73**
Llev	0.0826	0.0711		0.0532	0.0737		-4.98***	1.83*

注：***、**、*分别表示在1%、5%、10%的水平上显著。本书后面的表格中如出现*号，同本注。

表4-6 管理者困难经历和从军经历与公司特征相关系数

变量	Tlev	Flev	Llev	Gov	SIZE	ROA	Tang	Dep	NPR	DifExp	MilExp	Mage	Gender	Tenure
Tlev	1.00													
Flev	0.86***	1.00												
Llev	0.14***	−0.09***	1.00											
Gov	−0.12***	−0.14***	0.06***	1.00										
SIZE	0.01	0.01	0.22***	0.27***	1.00									
ROA	−0.03***	−0.14***	−0.06***	0.11***	0.07***	1.00								
Tang	0.11***	0.09***	0.29***	−0.11***	0.17***	−0.10***	1.00							
Dep	0.03***	−0.03***	0.26***	−0.11***	0.11***	−0.07***	0.60***	1.00						
NPR	0.01***	−0.03***	0.19***	−0.03***	0.33***	−0.01	0.13***	0.19***	1.00					
DifExp	0.02***	−0.00**	−0.05***	−0.05***	0.05***	−0.01	0.04***	0.07***	0.13***	1.00				
MilExp	0.01***	−0.02**	−0.01	−0.01	−0.01	0.01*	0.02***	−0.02***	0.01	0.06***	1.00			
Mage	0.01***	−0.02***	0.06***	0.06***	0.13***	0.01	0.03***	0.05***	0.18***	0.74***	0.03***	1.00		
Gender	0.01	0.02*	0.04***	0.02***	0.08***	−0.04***	0.03	0.05***	0.08***	0.00	0.02**	0.05***	1.00	
Tenure	−0.02*	−0.03***	0.02***	0.09***	0.06***	0.01	−0.01	−0.01	0.02***	0.05***	0.00	0.13***	0.02**	1.00
Movercon	−0.04***	−0.03***	−0.06***	0.13***	0.04***	0.05***	−0.09***	−0.09***	−0.13***	−0.01	−0.01	−0.03***	−0.03***	−0.02

注：Gov 为 Governance，DifExp 为 DifficultExp，MilExp 为 MilitaryExp，Movercon 为 Moverconfidence。

公司层面上，只有公司规模与短期负债率之间相关系数不显著，其余均是显著相关的。具体来说，公司治理结构与总负债率、短期负债率之间存在显著的负相关关系，与长期负债率之间存在显著的正相关关系；公司规模、有形资产比率与公司总负债率、短期负债率和长期负债率之间是正相关的，盈利能力与公司总负债率、短期负债率和长期负债率是负相关的。非债务税盾和企业性质与三个被解释变量之间的相关关系存在差异，非债务税盾与总负债率和长期负债率之间存在显著的正相关关系，与短期负债率之间存在显著的负相关关系；国企的总负债率和长期负债率高于私企的总负债率和长期负债率，但私企的短期负债率高于国企的短期负债率。

管理者层面上，管理者年龄与总负债率和长期负债率之间存在正的相关关系，与短期负债率之间存在负的相关关系；男性管理者所在公司的短期负债率和长期负债率显著高于女性管理者所在公司的短期负债率和长期负债率；管理者任期与总负债率和短期负债率之间存在显著的负相关关系，与长期负债率之间存在显著的正相关关系；管理层过度自信与公司总负债率、短期负债率和长期负债率之间的相关关系均是显著为负的。

4.3.3 管理者困难生活经历与公司资本结构

表4-7显示了CEO困难生活经历与公司资本结构的回归结果，CEO兼CFO的管理者回归结果未在此表中显示。

从表4-7所列回归结果可知，CEO困难生活经历与总负债率、短期借款比率均呈不显著的负相关，与短期负债率呈显著的负相关，与长期负债率、长期借款比率均呈显著的正相关。这一结果表明：经历过困难生活经历的CEO偏向较低的短期负债率，而偏好较高的长期负债率、长期借款比率；但没有证据支持CEO困难生活经历对总负债率、短期借款比率有显著影响。研究假设H_{4-1}，即早期经历过困难时期的管理者在风险资本市场比其他管理者更保守，得到了验证。

表 4-7 CEO 困难生活经历与公司资本结构回归结果

管理者困难生活经历	Tlev	Flev	Llev	ST	LT
CEO DifficultExp	-0.025	-0.026*	0.009**	-0.007	0.007*
Governance	-0.189***	-0.176***	0.004	-0.055***	0.004
Moverconfidence	-0.015	-0.003	-0.004	-0.001	-0.002
CEO DifficultExp × Governance	-0.001	0.085**	0.007	0.021	0.008
CEO DifficultExp × Moverconfidence	-0.020	-0.019	0.004	-0.006	0.003
Growth	0.00002	-7.45E-06	0.00004***	-0.00001*	0.00005***
SIZE	-0.005	0.0003	0.014***	-0.003	0.010***
ROA	-0.093	-0.577**	-0.044***	-0.370***	-0.039***
Tang	0.231***	0.275***	0.020*	0.029	0.033***
Dep	-0.065	-0.230***	0.139***	0.077***	0.111***
NPR	-0.054***	-0.055***	0.010***	-0.033***	0.008***
CEO Mage	0.116	0.034	-0.043***	0.021	-0.041***
CEO Gender	0.028*	0.013	0.005	0.002	0.002
CEO Tenure	0.006	0.003	-0.001	0.001	-0.001
Year	控制	控制	控制	控制	控制
Ind	控制	控制	控制	控制	控制
N (Observations)	6263	6263	6263	6263	6263
R^2	0.0399	0.0752	0.2814	0.1265	0.2512

考虑总负债率、短期负债率、短期借款比率回归模型中 R^2 太小，以下只探讨长期负债率和长期借款比率两个长期资本结构回归模型中的控制变量。

公司层面上，公司治理与长期负债率和长期借款比率的回归系数均是正的不显著，可见公司治理对它们影响不显著；CEO困难生活经历与公司治理交乘项也是不显著的正相关；其余公司层面上的控制变量，公司成长能力越强、规模越大、盈利能力越差、有形资产比重越高、非债务税盾越高，国企的长期负债率和长期借款比率越高。

管理者层面上，只有管理者年龄与长期负债率和长期借款比率的回归系数是显著的，为显著的负相关，即管理者年龄越小，长期负债率和长期借款比率越高。其余均不显著。

从表4-8所示的回归结果可知，CFO困难生活经历与总负债率、短期负债率、长期负债率、短期借款比率和长期借款比率之间的回归系数均不显著。这一结果表明：没有证据支持经历过困难生活的CFO对公司资本结构、债务期限有影响。

4.3.4　管理者从军经历与公司资本结构

表4-9显示了CEO从军经历与公司资本结构的回归结果。

由表4-9可以看出，具有从军经历的CEO与总负债率、短期负债率之间的回归系数是不显著的正相关，而与长期负债率、短期借款比率和长期借款比率之间的回归系数是不显著的负相关，由此可见，没有证据说明CEO的从军经历对资本结构有显著影响。同时从表4-9可知，CEO从军经历与公司治理结构交乘项回归系数中，只有交乘项与长期负债率和短期借款比率回归系数是显著的，反映出公司治理越完善，对有从军经历CEO所在公司的长期负债率具有负向作用，而对其所在公司的短期借款比率具有正向作用，因此部分验证研究假设 H_{4-2}，即具有从军经历者的CEO比其他CEO有更高的杠杆。

控制变量回归结果与表4-8基本一致，在此不一一分析。

表4-10显示了CFO从军经历与公司资本结构的回归结果。

表4-8 CFO困难生活经历与公司资本结构回归结果

管理者困难生活经历	Tlev	Flev	Llev	ST	LT
CFO DifficultExp	0.008	0.021	-0.0003	-0.002	0.001
Governance	-0.119***	-0.105***	0.005*	-0.034***	0.007***
Moverconfidence	-0.038*	-0.023	-0.005**	-0.006	-0.003
CFO DifficultExp × Governance	0.001	0.022	0.007**	0.007	0.008
CFO DifficultExp × Moverconfidence	0.020	0.00002	0.004**	0.0001	0.013
Growth	0.00003	-1.75E-06	0.00004***	-0.00001**	0.00005***
SIZE	-0.014	-0.008	0.013***	-0.001	0.010***
ROA	-0.469	-0.800***	-0.029**	-0.375***	-0.025***
Tang	0.205***	0.269***	0.034***	0.029	0.045***
Dep	-0.061	-0.251***	0.104***	0.091***	0.077***
NPR	-0.009	-0.020**	0.009***	-0.024***	0.008***
CFO Mage	-0.152**	-0.157***	-0.019*	-0.003	-0.020**
CFO Gender	0.003	0.013	-0.003	0.002	-0.005***
CFO Tenure	-0.001	-0.0003	-0.001	-0.001	-0.001
Year	控制	控制	控制	控制	控制
Ind	控制	控制	控制	控制	控制
N (Observations)	6537	6537	6537	6537	6537
R^2	0.0588	0.0893	0.2902	0.1311	0.2608

表 4-9 CEO 从军经历与公司资本结构回归结果

管理者从军经历	Tlev	Flev	Llev	ST	LT
CEO MilitaryExp	0.024	0.034	-0.008	-0.004	-0.001
Governance	-0.182***	-0.153***	0.003	-0.049***	0.004
Moverconfidence	-0.021	-0.010	-0.003	-0.003	-0.001
CEO MilitaryExp × Governance	-0.270	-0.228	-0.069*	0.213**	-0.035
CEO MilitaryExp × Moverconfidence	0.096	0.140	-0.026	-0.045	-0.029
Growth	0.00002	-9.89E-09	0.00004***	-8.94E-06	0.00005***
SIZE	-0.004	0.001	0.014***	-0.003	0.010***
ROA	-0.105	-0.582***	-0.039***	-0.374***	-0.034***
Tang	0.209***	0.261***	0.027**	0.023	0.040***
Dep	-0.015	-0.205***	0.121***	0.091***	0.094***
NPR	-0.051***	-0.052***	0.009***	-0.032***	0.007***
CEO Mage	0.029	-0.044	-0.013***	-0.00003	-0.017**
CEO Gender	0.029*	0.014	0.005	0.002	0.002
CEO Tenure	0.006	0.003	-0.0005	0.001	-0.001
Year	控制	控制	控制	控制	控制
Ind	控制	控制	控制	控制	控制
N(Observations)	6263	6263	6263	6263	6263
R^2	0.0426	0.0751	0.2911	0.1294	0.2617

表4-10 CFO从军经历与公司资本结构回归结果

面板A（仅考虑CFO从军经历与公司资本结构）

管理者从军经历	Tlev	Flev	Llev	ST	LT
CFO MilitaryExp	-0.341***	-0.347***	-0.050***	0.069***	-0.043***
Governance	-0.112***	-0.103***	0.007***	-0.033***	0.008***
Moverconfidence	-0.034*	-0.023*	-0.003	-0.006	-0.001
CFO MilitaryExp × Governance	0.158	0.601*	0.450***	0.153**	0.553***
CFO MilitaryExp × Moverconfidence	-0.0005	-0.022	0.043***	-0.036**	0.035***
Growth	0.00003	-1.90E-06	0.00004***	-00001**	0.00005***
SIZE	-0.014	-0.009	0.013***	-0.001	0.010***
ROA	-0.469	-0.802***	-0.029**	-0.375***	-0.025**
Tang	0.208***	0.271***	0.034***	0.028	0.046***
Dep	-0.066	-0.256***	0.103***	0.092***	0.076***
NPR	-0.008	-0.020**	0.010***	-0.024***	0.007***
CFO Mage	-0.123***	-0.117***	-0.012	-0.007	-0.011
CFO Gender	0.003	0.013	-0.003	0.002	-0.005**
CFO Tenure	-0.001	-0.001	-0.001	-0.001	-0.001
Year	控制	控制	控制	控制	控制
Ind	控制	控制	控制	控制	控制
N (Observations)	6537	6537	6537	6537	6537
R^2	0.0587	0.0895	0.2890	0.1312	0.2600

续表

面板 B（CEO 约束下 CFO 从军经历与公司资本结构）

管理者从军经历	Tlev	Flev	Llev	ST	LT
CFO MilitaryExp	−0.372***	−0.382***	−0.049***	0.088**	−0.042**
CEO MilitaryExp	0.148*	0.160*	−0.009	−0.035	−0.006
Governance	−0.196***	−0.161***	−0.0005	−0.050***	0.002***
Moverconfidence	−0.021	−0.010	−0.002	−0.004	−0.0004
CFO MilitaryExp × Governance	−2.447	−1.942	0.732***	0.760	0.793***
CFO MilitaryExp × Moverconfidence	0.020	−0.006	0.042***	0.035***	0.035***
Growth	1.86E−06	−0.00001	0.00004***	−00001**	0.00005***
SIZE	−0.010	−0.003	0.014***	−0.004	0.010***
ROA	−0.152	−0.651**	−0.035**	−0.385***	−0.031**
Tang	0.194**	0.266***	0.039**	0.015	0.048***
Dep	−0.061	−0.256***	0.114***	0.095***	0.086***
NPR	−0.039***	−0.042***	0.007**	−0.031***	0.005**
CFO Mage	−0.163**	−0.135***	−0.017*	−0.006	−0.015**
CFO Gender	−0.003	0.008	−0.005	0.003	−0.007**
CFO Tenure	−0.012**	−0.009*	−0.0004	−0.003	−0.0004
CEO Mage	0.038	−0.040	−0.020**	0.003	−0.023**
CEO Gender	0.036**	0.012	0.007	0.006	0.003
CEO Tenure	0.018**	0.013*	−0.001	0.002	−0.001
Year	控制	控制	控制	控制	控制
Ind	控制	控制	控制	控制	控制
N (Observations)	5284	5284	5284	5284	5284
R^2	0.0466	0.0773	0.2976	0.1282	0.2660

从表 4-10 的面板 A 中可以看出，CFO 从军经历与五个被解释变量之间的回归系数均是显著的，除了其与短期借款比率的回归系数为正之外，其余四个回归系数均为负。结果说明，具有从军经历 CFO 所在公司偏好较低的总负债率、短期负债率、长期负债率和长期借款比率，较高的短期借款比率。但是需要考虑 CEO 的约束，因此面板 B 列出了 CEO 约束下 CFO 从军经历对资本结构影响的回归结果。

在 CEO 约束下，CFO 具有从军经历与资本结构之间的回归系数与面板 A 仅仅考虑 CFO 具有从军经历与资本结构之间回归系数是一致的，即不管是否有 CEO 约束，具有从军经历 CFO 所在公司偏好较低的总负债率、短期负债率、长期负债率和长期借款比率，较高的短期借款比率。

控制变量回归结果类似于表 4-7。

公司层面上，不管是否有 CEO 约束，由表 4-10 可以看出：①公司治理和管理层过度自信：公司治理越差，总负债率、短期负债率和短期借款比率越高，长期借款比率越低；公司治理和管理层过度自信对长期负债率以及长期借款比率具有正向作用。②其他公司层面变量：公司成长能力、规模、盈利能力、有形资产比率、非债务税盾和企业性质对资本结构、债务期限影响不变，可知公司成长能力越强、规模越大、盈利能力越差、有形资产比重越高、非债务税盾越高，国企的长期负债率和长期借款比率越高；公司治理能力越差、有形资产比重越高；私企的总负债率越高，公司治理结构越不完善、盈利能力越差、有形资产比重越高、债务税盾越低，私企的短期负债率越高；公司治理结构越不完善、成长能力越差、盈利能力越差、债务税盾越高，私企的短期借款比率越高。

管理者层面上，不管是否有 CEO 约束，CFO 年龄越小、CFO 为女性偏好长期借款比率。

4.3.5 稳健性检验

替代变量：①若用消除通货膨胀因素的年末总资产的自然对数

替代消除通货膨胀因素的销售收入的自然对数,主要结论基本不变。②成长能力用变量 Tobin's Q 替代变量 Growth,重新做本章的回归模型,主要结论基本不变。

本章建模过程均采用剔除异常值进行回归的结果,"稳健标准差+OLS"方法估计回归系数且样本容量足够大,异方差性可共存,不影响回归模型结果。因此,本章的回归结果较可靠。

4.4 本章小结

本章针对上市公司资本结构的影响因素,基于管理者困难生活经历与从军经历对公司资本结构的影响,通过构建动态面板模型,选取 2006—2013 年非金融上市公司为样本进行研究。具体的研究成果如下:

①具有困难生活经历的 CEO 偏向较低的短期负债率,而偏好较高的长期负债率、长期借款比率;但没有证据支持 CEO 困难生活经历对总负债率、短期借款比率有显著影响。说明早期经历过困难时期的管理者在风险资本市场中比其他管理者更保守。

公司成长能力越强、规模越大、盈利能力越差、有形资产比重越高、非债务税盾越高,国企的长期负债率和长期借款比率越高。

CEO 年龄越小,越偏好长期负债率和长期借款比率。

但没有证据支持具有困难生活经历的 CFO 对公司资本结构、债务期限有影响。

②没有证据说明 CEO 的从军经历对资本结构有显著影响。但公司治理越完善,对从军经历 CEO 所在公司长期负债率具有负向作用,而对其所在公司的短期借款比率具有正向作用。

不管是否有 CEO 约束,具有从军经历 CFO 所在公司偏好较低的总负债率、短期负债率、长期负债率和长期借款比率,较高的短期借款比率;CFO 年龄越小、CFO 为女性偏好长期借款比率。

第 5 章　管理者教育背景与公司资本结构决策

前文研究了管理者早期生活经历对公司资本结构的影响，本章将研究管理者（CEO 和 CFO）教育背景与公司资本结构之间的关系，主要研究 CEO 教育背景与公司资本结构之间的关系，同时也探讨 CFO 教育背景是否对公司资本结构有影响。

5.1　引言

公司高管的认知能力对其战略决策有着直接的影响，而高管的教育背景和工作经验等特征则是形成其认知能力和价值取向的决定性因素［由丽萍，董文博和裴夏璇（2013）[113]］。从某种意义上讲，学历水平、与职业技能相关的教育背景可以传递受教育者的认知能力信息。因此，探究我国上市公司高管教育背景、文化程度、工作经验、任期等特征对公司融资决策的影响有重要的理论和现实意义。本章基于高管（CEO 和 CFO）教育背景视角，充分考虑公司治理、管理层是否过度自信、企业性质等，探讨其对公司资本结构的影响。

本章第一部分是引言。第二部分是理论分析与研究设计。第三部分进行实证分析：首先是数据描述，然后在公司治理约束条件下检验公司资本结构的 CEO 教育背景效应，进一步探讨管理者教育背景对公司资本结构（总负债率、短期负债率和长期负债率）的影响；再对 CFO 进行类似公司资本结构的管理者教育背景效应研究。第四部分是实证结果与展望。

5.2 理论分析与研究设计

5.2.1 理论分析与研究假设

高层管理者负责制定并具体执行企业决策，其价值取向和能力高低直接影响组织战略的制定和执行，对企业有着深远影响。一个人的教育背景是造就其价值取向和能力的重要因素。从高管教育背景和职业经验角度研究公司决策方面已有不少文献，如关于教育背景对公司研发投入的影响有着较为丰富的文献：以企业高层管理者的教育背景和职业经验作为其认知能力及素质水平的衡量标准，认为高层管理者的教育背景与企业的 R&D 投入正相关，其职业经验对企业创新投资有一定的影响［Hambrick 和 Mason（1984）[114]］；受过较高水平教育的 CEO 对信息的分析处理能力比受过较低水平教育的 CEO 更强，对创新的激励强度更大，其公司创新强度也更高［Wally 和 Baum（1994）[115]］。Barker 和 Wurgler（2002）[116]研究发现，拥有专业技术、专业教育背景的 CEO 掌管的公司在 R&D 方面的投资显著高于商业或法律专业教育背景的 CEO 掌管的公司。尽管管理者特质对 CEO 激励影响很重要，但在这方面的实证研究很少。Liu（2013）[117]以 1992—2011 年美国公司为样本，说明 CEO 文化背景是经济激励契约的重要决定因素。文化起源可以解释 5% 观测绩效敏感度的变化，1% 来解释其他 CEO 特质，诸如年龄、性别和教育。

我国这方面的文献较少，文芳、胡玉明（2009）[118]通过实证分析发现我国上市公司高管所受教育水平与企业 R&D 投资强度显著正相关；陈守明、简涛、王朝霞（2011）[119]基于教育层次等人口特征，研究了 CEO 任期与企业 R&D 强度的关系；由丽萍、董文博和裴夏璇（2013）[113]实证分析了我国 2005—2010 年深市中小企业板和创业板上市公司 CEO 和 R&D 部门负责人的教育背景等因素对企业 R&D 投资决策的影响，结果表明，企业 CEO 和 R&D 部门负责人所受教育水平都对公司 R&D 投入决策具有显著的正向作用。

根据以上分析，本章提出以下研究假设：

研究假设 H_{5-1}：公司高管学历水平与总负债率、短期负债率和长期负债率具有显著的正相关关系。

5.2.2 研究设计

1. 研究样本数据

本章样本数据取自我国 2006—2013 年剔除金融保险业后的沪深两市上市公司，并做如下数据处理：①剔除研究当年股票名称冠有 ST、*ST 和 PT 的公司；②剔除当年 IPO 的上市公司；③剔除资产负债率为 0 或者为负数的样本；④剔除在公司与管理者层面变量中缺失的观测值；⑤剔除个人简介（尤其是教育背景）不详以及就职的公司数据缺失的管理者，共采集 2006—2013 年 1186 家上市公司、1230 名 CEO（总经理、执行总裁、总裁）和 1372 名 CFO（财务总监），非平衡面板数据共 5748 个观测值；⑥最后建模过程中剔除异常值，剔除均值五倍标准差之外异常值的数据。

所有公司数据和公司治理数据都来自 CSMAR 数据库，其中管理者（CEO 和 CFO）部分个人特征数据来自手工整理，其余通过 SAS 编程处理。

2. 变量定义

（1）被解释变量——资本结构（*lev*），同第 4 章

①资产负债率（*Tlev*）：总负债/总资产。

②短期负债率（*Flev*）：流动负债/总资产。

③长期负债率（*Llev*）：长期负债/总资产。

（2）解释变量

①海外教育背景（*EduBackgrd*）：管理者具有海外留学经历取

值为1，否则取值为0。

②文化程度（EduDeg）：管理者文化程度大专以下取值为1，大专取值为2，本科取值为3，研究生取值为4。

③MBA学位（MBAdeg）：如果管理者具有MBA学位为1，其余取值为0。

（3）控制变量

本章分三类控制变量进行研究，即管理者层面、公司层面以及公司治理。

①管理者层面：

性别（Gender）：管理者若为男性则取值为1，为女性取值为0；

年龄（Mage）：管理者年龄的自然对数；

任期（Tenure）：管理者在本公司任职期限；

过度自信度量（Moverconfidence）：同第4章。

②公司层面：

本章选用会影响资本结构的时变变量作为回归模型的解释变量：

公司规模（SIZE）：总营业收入消除通胀因素后的自然对数，稳健性检验规模用消除通胀因素后的总资产自然对数；

盈利能力（ROA）：总资产收益率=净利润/年末总资产；

有形资产（Tang）：（固定资产+存货）/总资产；

非债务税盾（Dep）：固定资产折旧/总资产；

产权性质（NPR）：国有企业取值为1，非国有企业取值为0。

控制了实证研究中常见的资本结构决定因素，包括公司规模、盈利能力、有形资产、非债务税盾、产权性质、行业和年度（虚拟变量）等变量。

③公司治理：

同第4章中的公司治理定义。

变量定义及具体描述见表5-1。

表 5-1 变量描述及公式

	变量（变量名）	变量描述及公式
被解释变量	资本结构（Tlev）	总负债/总资产
	短期负债率（Flev）	流动负债/总资产
	长期负债率（Llev）	长期负债/总资产
解释变量	海外教育背景（EduBackgrd）	有海外留学经历者取值为1，否则取值为0
	文化程度（EduDeg）	管理者文化程度大专以下取值为1，大专取值为2，本科取值为3，研究生取值为4
	MBA学位（MBAdeg）	管理者具有MBA学位为1，其余取值为0
控制变量 管理者层面	性别（Gender）	管理者若为男性取值为1，若为女性取值为0
	年龄（Mage）	管理者年龄的自然对数
	任期（Tenure）	管理者在本公司任职期限
	管理层过度自信（Moverconfidence）	参见高登云（2013）[107]用管理层持股数变化测度，以某公司年末管理层持股数 – 年初持股数，该值大于0，表明管理层过度自信；反之，则信心不足
控制变量 公司层面	公司治理（Governance）	从激励机制和监督机制两方面选取相应变量，进行因子分析，综合得分作为公司治理结构度量指标
	公司规模（SIZE）	总营业收入消除通胀因素后的自然对数，稳健性检验规模用消除通胀因素后的总资产自然对数
	盈利能力（ROA）	总资产收益率 = 净利润/总资产
	有形资产（Tang）	（固定资产 + 存货）/总资产
	非债务税盾（Dep）	固定资产折旧/总资产
	产权性质（NPR）	国有企业为1，非国有企业为0
	年度哑变量（Year）	属于该年度为1，否则为0
	行业（Ind）	锐思数据库行业分类

3. 模型构建

管理者教育背景是否与公司资本结构有关联？本章拟通过多种方式分析这个问题：①控制常见的可能影响公司资本结构的公司特征，如公司治理、公司规模、盈利能力、有形资产、非债务税盾和产权性质等公司层面特征以及管理层是否过度自信；②考虑管理者教育背景以外的其他可测因素，如管理者性别、年龄、任期等；③估计 CEO 教育背景（是否具有海外学历或者海外游学经历、管理者文化程度和管理者是否具有 MBA 学历）对公司资本结构的影响，即基于公司资本结构的 CEO 教育背景效应；④估计基于公司资本结构的 CFO 教育背景效应，估计 CFO 教育背景效应时，应同时考虑 CEO 教育背景以及其他可测特征。

（1）CEO 教育背景与公司资本结构

①CEO 教育背景与公司总负债率：

$$Tlev_{i,j} = \beta_{0,i,j} + \beta_{1,i,j}CEOEduBackgrd_{i,j} + \beta_{2,i,j}CEOEduDeg_{i,j} + \\ \beta_{3,i,j}CEOMBAdeg_{i,j} + \sum_{k=4}^{9}\beta_{k,i,j}Firmlevelvariables_{k,i,j} + \\ \sum_{k=10}^{12}\beta_{k,i,j}CEOlevelvariables_{k,i,j} + \beta_{13,i,j}Moverconfidence_{i,j} + \\ \sum_{k=14}^{21}\beta_{k,i,j}Year_{k,i,j} + \sum_{k=22}^{39}\beta_{k,i,j}Ind_{k,i,j} + \varepsilon_{i,j} \quad (5-1)$$

②CEO 教育背景与短期负债率：

$$Flev_{i,j} = \beta_{0,i,j} + \beta_{1,i,j}CEOEduBackgrd_{i,j} + \beta_{2,i,j}CEOEduDeg_{i,j} + \\ \beta_{3,i,j}CEOMBAdeg_{i,j} + \sum_{k=4}^{9}\beta_{k,i,j}Firmlevelvariables_{k,i,j} + \\ \sum_{k=10}^{12}\beta_{k,i,j}CEOlevelvariables_{k,i,j} + \beta_{13,i,j}Moverconfidence_{i,j} + \\ \sum_{k=14}^{21}\beta_{k,i,j}Year_{k,i,j} + \sum_{k=22}^{39}\beta_{k,i,j}Ind_{k,i,j} + \varepsilon_{i,j} \quad (5-2)$$

③CEO 教育背景与长期负债率：

$$\begin{aligned}Llev_{i,j} =& \beta_{0,i,j} + \beta_{1,i,j}CEOEduBackgrd_{i,j} + \beta_{2,i,j}CEOEduDeg_{i,j} + \\ & \beta_{3,i,j}CEOMBAdeg_{i,j} + \sum_{k=4}^{9}\beta_{k,i,j}Firmlevelvariables_{k,i,j} + \\ & \sum_{k=10}^{12}\beta_{k,i,j}CEOlevelvariables_{k,i,j} + \beta_{13,i,j}Moverconfidence_{i,j} + \\ & \sum_{k=14}^{21}\beta_{k,i,j}Year_{k,i,j} + \sum_{k=22}^{39}\beta_{k,i,j}Ind_{k,i,j} + \varepsilon_{i,j} \quad (5-3)\end{aligned}$$

（2）CFO 教育背景与公司资本结构

①CFO 教育背景与公司总负债率：

$$\begin{aligned}Tlev_{i,j} =& \beta_{0,i,j} + \beta_{1,i,j}CFOEduBackgrd_{i,j} + \beta_{2,i,j}CFOEduDeg_{i,j} + \\ & \beta_{3,i,j}CFOMBAdeg_{i,j} + \sum_{k=4}^{9}\beta_{k,i,j}Firmlevelvariables_{k,i,j} + \\ & \sum_{k=10}^{12}\beta_{k,i,j}CFOlevelvariables_{k,i,j} + \beta_{13,i,j}Moverconfidence_{i,j} + \\ & \sum_{k=14}^{21}\beta_{k,i,j}Year_{k,i,j} + \sum_{k=22}^{39}\beta_{k,i,j}Ind_{k,i,j} + \alpha_m(\beta_{40,i,j}CEOEduBackgrd_{i,j} + \\ & \beta_{41,i,j}CEOEduDeg_{i,j} + \beta_{42,i,j}CEOMBAdeg_{i,j} + \\ & \sum_{k=43}^{46}\beta_{k,i,j}CEOlevelvariables_{k,i,j}) + \varepsilon_{i,j} \quad (5-4)\end{aligned}$$

②CFO 教育背景与公司短期负债率：

$$\begin{aligned}Flev_{i,j} =& \beta_{0,i,j} + \beta_{1,i,j}CFOEduBackgrd_{i,j} + \beta_{2,i,j}CFOEduDeg_{i,j} + \\ & \beta_{3,i,j}CFOMBAdeg_{i,j} + \sum_{k=4}^{9}\beta_{k,i,j}Firmlevelvariables_{k,i,j} + \\ & \sum_{k=10}^{12}\beta_{k,i,j}CFOlevelvariables_{k,i,j} + \beta_{13,i,j}Moverconfidence_{i,j} + \\ & \sum_{k=14}^{21}\beta_{k,i,j}Year_{k,i,j} + \sum_{k=22}^{39}\beta_{k,i,j}Ind_{k,i,j} + \alpha_m(\beta_{40,i,j}CEOEduBackgrd_{i,j} + \\ & \beta_{41,i,j}CEOEduDeg_{i,j} + \beta_{42,i,j}CEOMBAdeg_{i,j} + \\ & \sum_{k=43}^{46}\beta_{k,i,j}CEOlevelvariables_{k,i,j}) + \varepsilon_{i,j} \quad (5-5)\end{aligned}$$

③CFO 教育背景与公司长期负债率：

$$Llev_{i,j} = \beta_{0,i,j} + \beta_{1,i,j}CFOEduBackgrd_{i,j} + \beta_{2,i,j}CFOEduDeg_{i,j} +$$

$$\beta_{3,i,j}CFOMBAdeg_{i,j} + \sum_{k=4}^{9}\beta_{k,i,j}Firmlevelvariables_{k,i,j} +$$

$$\sum_{k=10}^{12}\beta_{k,i,j}CFOlevelvariables_{k,i,j} + \beta_{13,i,j}Moverconfidence_{i,j} +$$

$$\sum_{k=14}^{21}\beta_{k,i,j}Year_{k,i,j} + \sum_{k=22}^{39}\beta_{k,i,j}Ind_{k,i,j} + \alpha_m(\beta_{40,i,j}CEOEduBackgrd_{i,j} +$$

$$\beta_{41,i,j}CEOEduDeg_{i,j} + \beta_{42,i,j}CEOMBAdeg_{i,j} +$$

$$\sum_{k=43}^{46}\beta_{k,i,j}CEOlevelvariables_{k,i,j}) + \varepsilon_{i,j} \qquad (5-6)$$

其中，$Tlev_{i,j}$、$Flev_{i,j}$ 和 $Llev_{i,j}$——第 i 年第 j 家公司总负债率、短期负债率和长期负债率；$EduBackgrd_{i,j}$、$EduDeg_{i,j}$ 和 $MBAdeg_{i,j}$——第 i 年第 j 家公司 CEO（CFO）教育背景（是否具有海外教育背景、文化程度和是否具有 MBA 学历）；$Firmlevelvariables_{k,i,j}$——第 i 年第 j 家公司层面变量，包括公司治理、规模、盈利能力、有形资产、非债务税盾和产权性质；$levelvariables_{k,i,j}$——第 i 年第 j 家公司 CEO（CFO）年龄、性别和任期；α_m 分为取值为 0（未考虑 CEO 约束）与 1（考虑 CEO 约束）两种情况；$\varepsilon_{i,j}$ 为随机误差项。

5.3 实证分析

5.3.1 描述统计

1. 主要变量描述统计

管理者教育背景相关统计数据见表 5-2。

如表 5-2 所示，就公司层面变量而言，总负债率、短期负债率和长期负债率均值分别为 49.2%、40.8% 和 7.1%，标准差分别为 0.552、0.480 和 0.124，离散系数分别为 1.12、1.17 和 1.75，可见就分散程度而言，三者比较接近，总负债率相对比较集中，短期负债率其次，长期负债率最为分散，由此验证了资本结构、短期负债率和长期负债率在我国公司中的重要地位。中位数分别为 47.1%、36.9% 和 1.9%，最大值为 1371.1%、1241.5% 和 237.4%，而最小值为 7%、3% 和 0%，说明资本结构在企业间存在明显差异，这为本文研究提供了数据支持。公司治理结构变量最大值为 3.750，最小值为 -1.140，标准差为 0.447，说明公司治理结构在公司间差别大，公司治理结构的差异对资本结构影响是否显著需进一步检验。

就管理者层面来说，CEO 文化程度均值为 3.338，说明我国上市公司高管的学历水平总体上还是比较高的。样本中公司管理者的学历数据统计表明，我国上市公司企业高管的认知素质还是比较乐观的。

如表 5-3 所示，考虑管理者职位的不同，管理者个人特征可能存在差异性。将本章样本进一步细分为 CEO、CFO 和 CEO 兼 CFO 三组子样本，对三组子样本的管理者特征的描述统计进行对比分析，为做回归分析提供数据支持：①海外教育背景：三组子样本中具有海外教育背景的比例较低，依次为 3.3%、1.5% 和 0%，CEO 海外教育背景稍微高些；②文化程度：三个子样本文化程度均值均为本科以上，CEO 学历普遍高于 CFO，也高于 CEO 兼 CFO 管理者；③管理者是否具有 MBA 学历：CEO 子样本具有 MBA 学历占比低于 CFO 具有 MBA 学历占比，也低于 CEO 兼 CFO 具有 MBA 学历占比；④性别：CEO、CFO 和 CEO 兼 CFO 管理者男性占比分别为 93.5%、73.1% 和 81.8%，这具有职位特征；⑤年龄：三组子样本年龄均值分别约为 46.319 岁、42.996 岁和 47 岁，CEO 平均年龄高于 CFO 平均年龄 3.323 岁；⑥任期：三组任期差异不大，CEO 与 CFO 任期最长时间分别为 12 年与 11 年。以上分析表明，有必要根据管理者职位将全样本分成三组进行回归分析。

表5-2 管理者教育背景相关描述统计

面板A：公司层面变量

变量	N	均值	中位数	最小值	最大值	标准差	偏度	峰度
Tlev	5748	0.492	0.471	0.007	13.711	0.552	14.485	284.688
Flev	5748	0.408	0.369	0.003	12.415	0.480	15.256	321.094
Llev	5748	0.071	0.019	0	2.374	0.124	6.149	82.257
Governance	5748	0.132	0.090	−1.140	3.750	0.447	1.373	6.886
SIZE	5748	19.396	19.295	10.515	27.043	1.622	0.239	2.923
ROA	5748	0.046	0.043	−1.526	1.756	0.080	−0.292	126.874
Tang	5748	0.442	0.416	0	0.960	0.186	0.088	−0.497
Dep	5748	0.252	0.215	0	0.960	0.181	0.806	0.192
NPR	5748	0.470	0	0	1	0.499	0.119	−1.987

面板B：管理者层面变量

变量	N	均值	中位数	最小值	最大值	标准差	偏度	峰度
EduBackgrd	5748	0.024	0	0	1	0.152	6.270	37.322
EduDeg	5748	3.338	3	1	5	0.824	−0.345	−0.277
MBAdeg	5748	0.065	0	0	1	0.247	3.516	10.367
Gender	5748	0.829	1	0	1	0.376	−1.750	1.061
Mage	5748	44.597	44	27	70	6.354	0.289	0.014
Tenure	5748	1.182	1	0	12	1.452	2.380	8.711
Moverconfidence	5748	0.334	0	0	1	0.472	0.706	−1.503

表 5–3　分组描述统计

变量		N	均值	中位数	最小值	最大值	标准差	偏度	峰度
CEO	EduBackgrd	2783	0.033	0	0	1	0.178	5.258	25.664
	EduDeg	2783	3.524	4	1	5	0.816	-0.545	0.215
	MBAdeg	2783	0.050	0	0	1	0.219	4.117	14.961
	Gender	2783	0.935	1	0	1	0.247	-3.530	10.466
	Mage	2783	46.319	46	28	70	6.074	0.155	0.222
	Tenure	2783	1.223	1	0	12	1.484	2.392	8.797
CFO	EduBackgrd	2976	0.015	0	0	1	0.122	7.951	61.254
	EduDeg	2976	3.164	3	1	5	0.795	-0.237	-0.523
	MBAdeg	2976	0.080	0	0	1	0.271	3.107	7.658
	Gender	2976	0.731	1	0	1	0.444	-1.038	-0.924
	Mage	2976	42.996	42	27	70	6.197	0.497	0.217
	Tenure	2976	1.142	1	0	11	1.417	2.363	8.580
CEO 兼 CFO	EduBackgrd	11	0	0	0	0	0	0	0
	EduDeg	11	3.273	4	1	1	4	1.104	-1.199
	MBAdeg	11	0.091	0	0	1	0.302	3.317	—
	Gender	11	0.818	1	0	1	0.405	-1.923	0.133
	Mage	11	47	47	34	59	8.062	0.085	6.308
	Tenure	11	1	1	0	3	1	0.7333	1.181

从表 5-4 可以看出，样本中 CEO 具有海外教育背景的管理者比重为 3.27%，高于 CFO 具有海外教育背景的管理者的比重 1.51%，且有两倍之多；而 CFO 具有 MBA 学历者占比 7.96% 高于 CEO 具有 MBA 学历者的占比 5.03%；CEO 兼 CFO 管理者样本中没有人具有海外教育背景，但具有 MBA 学历的占比高于 CEO 和 CFO 样本的占比。

表 5-4　管理者教育背景频数分布表

指标	高管教育背景（%）		
	CEO	CFO	CEO 兼 CFO
EduBackgrd	3.27	1.51	0.00
MBAdeg	5.03	7.96	9.09

2. 按类型分样本主要变量描述统计

表 5-5 分企业性质和管理层是否过度自信两种类型对各自的主要变量的均值进行 T 检验。表 5-5 显示公司总负债率、短期负债率和长期负债率均值两种类型对比均存在显著差异；教育背景方面只有按照企业性质分组，文化程度存在显著差异。因此，实证分析中控制企业性质与管理层是否过度自信两个变量。

表 5-5　高管教育背景与公司资本结构分类型 T 检验比较

项目	企业性质		管理层是否过度自信		T 检验	
	国企（1）	私企（2）	是（3）	否（4）	(1) — (2)	(3) — (4)
Tlev	0.5083	0.4168	0.4106	0.4851	-15.00***	11.44***
Flev	0.4019	0.3628	0.3509	0.3966	7.11***	7.86***
Llev	0.0957	0.0440	0.0514	0.0772	-19.73***	9.05***
EduBackgrd	0.0208	0.0270	0.0196	0.0263	1.50	1.53
EduDeg	3.4918	3.2009	3.3206	3.3485	-13.47***	1.20
MBAdeg	0.0668	0.0644	0.0589	0.0685	-0.28	1.37

5.3.2 CEO 教育背景与公司资本结构

表 5-6 显示了 CEO 教育背景与公司资本结构的回归结果，CEO 兼 CFO 管理者回归结果未在此表中显示。

表 5-6 CEO 教育背景与公司资本结构回归结果

管理者教育背景	$Tlev$	$Flev$	$Llev$
$EduBackgrd$	0.001	-0.015	0.016*
$EduDeg$	0.010**	0.005	0.005***
$MBAdeg$	0.035**	0.027*	-0.00005
$Governance$	-0.098***	-0.099***	0.003
$SIZE$	0.051***	0.038***	0.012***
ROA	-1.406***	-1.167***	-1.195***
$Tang$	0.296***	0.290***	0.013
Dep	-0.199***	-0.321***	0.125***
NPR	-0.011	-0.024***	0.012***
$Gender$	0.016	0.012	0.007
$Mage$	-0.022	-0.032	0.016
$Tenure$	-0.003	-0.001	-0.002
$Moverconfidence$	-0.013*	-0.007	-0.005
$Year$	控制	控制	控制
Ind	控制	控制	控制
N（$Observations$）	2734	2734	2734
R^2	0.4185	0.3551	0.3508

从表 5-6 所示回归结果中容易发现，CEO 文化程度和是否具有 MBA 学历与总负债率均呈显著正相关，CEO 是否具有 MBA 学历与短期负债率呈显著正相关，CEO 是否具有海外教育背景和 CEO 文化程度与长期负债率均呈显著的正相关。这一结果表明：CEO 文化程度越高、CEO 具有 MBA 学历，其所在公司总负债率越高；CEO 具有 MBA 学历，其所在公司短期负债率高；CEO 文化程度越高、

CEO具有海外教育背景，其所在公司长期负债率越高；但没有证据支持CEO是否具有海外背景对其所在公司总负债率与短期负债率有显著影响，也没证据支持CEO的文化程度对短期负债率以及CEO是否具有MBA学历对长期负债率有显著影响。

在控制变量的回归结果中，公司层面：①公司治理：公司治理与总负债率和短期负债率呈显著的负相关，与长期负债率正相关但不显著，说明公司治理能力越强，其总负债率和短期负债率越低，但并没有证据支持公司治理能力越强，其长期负债率越高；②公司规模和盈利能力：公司规模与总负债率、短期负债率和长期负债率均呈正的显著相关；③有形资产与总负债率和短期负债率存在正的显著相关关系，但与长期负债率虽正相关但不显著；④非债务税盾与总负债率和短期负债率显著负相关，而与长期负债率之间呈显著正相关；⑤产权性质与短期负债率和长期负债率之间关系相反，前者为负的显著相关，后者为正的显著相关，产权性质与总负债率之间负相关但不显著。管理者层面：性别、年龄、任期和管理层过度自信度量四个变量与三个资本结构变量中，只有管理层过度自信变量与总负债率之间存在显著的负相关关系，其余均不显著。

控制变量回归结果表明，公司治理结构越差、公司规模越大、盈利能力越差、有形资产越多、非债务税盾越低和管理层自信心不足的公司，总负债率和短期负债率水平越高；公司治理结构越差、公司规模越大和非债务税盾越高，公司长期负债率越高；就产权性质而言，民营企业短期负债率高于国有企业短期负债率，民营企业长期负债率低于国有企业长期负债率。

5.3.3　CFO教育背景与公司资本结构

表5-7面板A仅考虑CFO教育背景如何影响公司资本结构与债务期限；而面板B考虑同一家公司的CEO和CFO数据建模，检验在CEO约束下CFO教育背景对公司资本结构的影响。需将CEO和CFO数据合并再建立回归模型，具体结果见表5-7面板B。

表 5-7 CFO 教育背景与公司资本结构

面板 A：仅考虑 CFO 教育背景与公司资本结构

管理者教育背景	*Tlev*	*Flev*	*Llev*
CFOEduBackgrd	-0.010	-0.009	0.003
CFOEduDeg	0.006	-0.002	0.008***
CFOMBAdeg	0.019*	0.011	0.003
Governance	-0.065***	-0.066***	0.003
SIZE	0.050***	0.038***	0.012***
ROA	-1.279***	-1.022***	-0.227***
Tang	0.295***	0.298***	0.010
Dep	-0.192***	-0.308***	0.111***
NPR	0.003	-0.008	0.011***
CFOGender	0.020**	0.027***	-0.007**
CFOMage	-0.034	-0.044*	0.001
CFOTenure	-0.006**	-0.004	-0.002
Moverconfidence	-0.023***	-0.016**	-0.005
Year	控制	控制	控制
Ind	控制	控制	控制
N（*Observations*）	2929	2929	2929
R^2	0.4053	0.3519	0.3450

面板 B：CEO 约束下 CFO 教育背景与公司资本结构

管理者教育背景	*Tlev*	*Flev*	*Llev*
CFOEduBackgrd	0.026	0.026	-0.0002
CFOEduDeg	-0.005	-0.013***	0.007***
CFOMBAdeg	0.018	0.021**	-0.008
Governance	-0.092***	-0.083***	-0.008
SIZE	0.050***	0.037***	0.013***
ROA	-1.403***	-1.134***	-0.231***
Tang	0.276***	0.263***	0.020
Dep	-0.200***	-0.312***	0.115***

续表

面板 B：CEO 约束下 CFO 教育背景与公司资本结构

管理者教育背景	*Tlev*	*Flev*	*Llev*
NPR	0.001	-0.006	0.005
CFOGender	0.010	0.018**	-0.008*
CFOMage	-0.098***	-0.101***	-0.009
CFOTenure	-0.006*	-0.005*	-0.001
CEOEduBackgrd	0.005	-0.014	0.009
CEOEduDeg	0.013**	0.010*	0.004*
CEOMBAdeg	0.027*	0.012	0.005
CEOGender	0.007	0.005	0.005
CEOMage	-0.014	-0.015	0.006
CEOTenure	-0.007	0.001	-0.002
Moverconfidence	-0.015*	-0.009	-0.005
Year	控制	控制	控制
Ind	控制	控制	控制
N（Observations）	2121	2121	2121
R^2	0.4144	0.3518	0.3463

从表 5-7 面板 A 回归结果可以看出，CFO 教育背景与 CEO 教育背景对公司资本结构的影响有很大差异，具体来说，只有 CFO 是否具有 MBA 学历与总负债率、CFO 文化程度与长期负债率存在正的显著相关关系，其余均不显著。即 CFO 具有 MBA 学历，其所在公司的总负债率高；CFO 文化程度越高，其所在公司长期负债率越高。

控制变量中的公司层面变量中，CFO 教育背景对公司资本结构影响的结论与 CEO 教育背景对公司资本结构影响结果基本一致，只有企业性质与长期负债率之间存在不显著的正相关关系；管理者层面上，CFO 个人特征对公司资本结构的影响相对 CEO 个人特征对公司资本结构的影响较大；男性 CFO、任期越短、管理层信心不足所在公司总负债率越高；男性 CFO、年龄越小、管理层信心不足所在公司短期负债率越高；女性 CFO 所在公司长期负债率高。

面板 B 显示，在 CEO 教育背景约束下，没有证据支持 CFO 是否具有海外教育背景、CFO 文化程度和 CFO 是否具有 MBA 学历与总负债率显著相关；CFO 文化程度越低，其所在公司短期负债率越高；CFO 文化程度越高，其所在公司长期负债率越高。

公司层面上，在 CEO 约束条件下，只有企业性质与长期负债率存在正的不显著关系，这与无 CEO 约束时不一致，CFO 其余的教育背景对公司资本结构影响的结论与 CEO 教育背景对公司资本结构影响结果一致。

管理者层面上，CFO 年龄越小、任期越短，其所在公司总负债率越高；男性 CFO、年龄越小、任期越短，其所在公司短期负债率越高。

5.3.4 稳健性检验

①规模替代变量。若用消除通货膨胀因素的年末总资产自然对数规模替代消除通货膨胀因素的销售收入自然对数，结论基本不变。

②本章建模过程均采用剔除异常值进行回归分析，"稳健标准差 + OLS"方法估计回归系数且样本容量足够大，异方差性可共存，不影响回归模型结果。因此，本章的回归结果较可靠。

5.4 本章小结

本章共采集 2006—2013 年 1186 家上市公司、1230 名 CEO（总经理、执行总裁、总裁）和 1372 名 CFO（财务总监），非平衡面板数据共 5748 个观测值。根据以下思路研究管理者教育背景（主要考察管理者是否具有海外教育经历、文化程度以及是否具有 MBA 学历）对公司总负债率、短期负债率和长期负债率的影响：控制常见的可能影响公司资本结构的公司特征和管理者教育背景以外的其他可测因素，估计 CEO 教育背景对公司资本结构的影响，亦即基于公司资本结构的 CEO 教育背景效应；估计 CFO 教育背景效应时同时考虑 CEO 教育背景以及其他可测特征。得出以下主要结论：

①管理者教育背景方面：CEO 文化程度越高、管理者（CEO 和 CFO）具有 MBA 学历，其所在公司总负债率越高；CEO 具有 MBA 学历，其所在公司短期负债率越高；管理者（CEO 和 CFO）文化程度越高、CEO 具有海外教育背景，其所在公司长期负债率越高。

在 CEO 教育背景约束下，CFO 文化程度越低，其所在公司短期负债率越高；CFO 文化程度越高，其所在公司长期负债率越高；没有证据支持 CFO 是否具有海外教育背景、CFO 文化程度和 CFO 是否具有 MBA 学历与总负债率显著相关。

②公司层面上，公司治理结构越差、公司规模越大、盈利能力越差、有形资产越多、非债务税盾越低和管理层自信心不足的公司，总负债率和短期负债率水平越高；公司治理结构越差、公司规模越大和非债务税盾越高，公司长期负债率越高；就产权性质而言，民营企业短期负债率高于国有企业短期负债率，民营企业长期负债率高于国有企业长期负债率。

③管理者层面上，管理层越不自信，总负债率越高；在 CEO 个人特征约束下，CFO 年龄越小、任期越短，其所在公司总负债率越高；男性 CFO、年龄越小、任期越短，其所在公司短期负债率越高。

本章还可以考虑管理者所有专业是否是经济会计专业，是否具有经济师以及高级经济师资格等，管理者尤其是 CFO 是否有财务经历与审计经历，这些与经营管理职位密切相关的教育背景对公司资本结构的影响。

第6章 管理者职业经历与公司资本结构决策

管理者早期生活经历对公司资本结构的影响在时间上来说比较长，但是管理者职业困境经历对其决策行为的影响却是直接而深入的。因此本章主要从管理者职业困境经历视角，研究公司资本结构的管理者特质效应，在公司治理和管理层过度自信约束下，探讨公司资本结构的管理者职业困境经历效应，分析职业困境经历是否影响公司资本结构决策，具有职业困境经历的管理者（CEO和CFO）所在公司资本结构及债务期限如何受其影响。

6.1 引言

古语云"前事不忘，后事之师"，最近的研究为个人经历影响公司财务决策提供了证据：Camerer和Lovallo（2005）[28]以及Malmendier、Tate和Yan（2011）[62]发现成长于大萧条时期的管理者规避债务，而具有军队经历者偏好高杠杆；Vissing–Jorgensen（2003）[120]及Greenwood和Nagel（2009）[121]研究显示经历影响投资者和基金经理人未来预期回报；Kaustia和Knüpfer（2008）[99]及Chiang、Hirshleifer、Qian和Sherman（2011）[100]证明经历过IPO高回报者更趋向投资IPO市场；Malmendier和Nagel（2011）[90]发现经历过低收益的管理者更不愿意承担融资风险及参与股票市场；Malmendier和Nagel（2013）[122]研究显示经历影响个体通货膨胀预期。很多文献也发现个人经历影响个体投资行为和财务期望。然而，很少有文献研究管理者职业经历影响公司财务决策增强还是削弱其判断力，对于公司价值有何影响后果。相对于其他生活经历，因其频繁且是最近发生的职业经历对公司决策可能不同或者有更大的影响，直接关系到管理者公司决策的执行，Dittmar and Duchin（2016）[63]首次探讨CEO的早期职业经历如何影响公司政策。本章在我国制度背景下检验管理者职业经历如何影响公司资本结构，具有职业困境经历的管理者（CEO和CFO）所在公司资本结构决策是否更优。

为研究公司资本结构的管理者早期职业经历效应，选取我国沪深两市2006—2013年大约2535名CEO和2685名CFO数据。判断受雇于以前公司的高管是否经历过财务困境，数据来自锐思和国泰安数据库，基于规避危机的公司现金流、融资约束和股票收益，构建三个财务困境测度。这些测度基于现金持有的预防性现金动机，现金持有主要目的是缓解融资约束和防御危机［例如，Almedia、Campello和Weisbach（2004）[123]以及Faulkender和Wang（2006）[124]］。以上三种测度每个定义一个职业经历指标，如果管理者曾经受雇于遭受过融资困境的公司定义为1，否则为0。除了这些测度，另外构造两个复合指标，其中一个如果以上三个测度具有任何一个则为1，否则为0；另一个复合指标是将以上三个测度累加。

本章分析的一个潜在的问题是，公司可能选择CEO是因为他（她）曾有财务困境公司的经历。在这种情况下，公司资本结构和管理者经验之间可能存在相关关系。本章通过多种方式解决这个问题：

第一，明确控制可见的可能影响公司资本结构和管理者选择的公司特征，如公司治理、公司规模、盈利能力、有形资产、非债务税盾、产权性质、行业和年度（虚拟变量）等公司层面变量。

第二，为减轻选择问题，考虑管理者早期职业经历角色以外的其他可测因素，如过度自信变量、管理者性别、年龄、任期、是否具有MBA学历等。此外，还认为工作经验过少可能会影响当前的就业。

第三，估计 CEO 早期职业经历效应。探究难以察觉的潜在的管理者选择与资本结构是否存在相关关系，何种程度关系：先研究 CEO 早期职业经历对公司资本结构、短期负债率、长期负债率的影响，再研究其如何影响资本结构的三部分主要构成，即短期借款比率、长期借款比率和有息负债率。

第四，估计 CFO 早期职业经历效应。考虑 CFO 早期职业经历时，同时考虑 CEO 早期职业经历以及其他可测特征。

本章主要关注 CEO 而非 CFO，理由如下：

①CEO 直接决定公司资本结构决策。

②CFO 也决定资本结构决策，但是与 CEO 相关。

本章不仅研究管理者早期融资困境经历对公司资本结构影响，还研究在公司治理约束下管理者早期职业经历对公司资本结构的影响，分析公司治理完善与否条件下公司资本结构的管理者早期职业经历效应，也探究具有职业困境经历者所在公司管理层若是过度自信，其职业经历对公司资本结构是否依然有影响。

本章余文结构安排如下：在第二部分说明本章所用的数据，界定有职业困境经历的管理者（CEO 和 CFO），并说明主要变量的描述性统计结果；第三部分实证检验管理者的职业困境经历是否对公司的资本结构决策产生了显著影响，同时研究公司治理、管理层过度自信对管理者职业困境经历与资本结构决策之间关系的影响；为增强结论的可靠性，在第四部分进行相关的稳健性检验；最后是本章小结。

6.2 理论分析与研究设计

6.2.1 理论分析

公司资本结构影响因素研究是资本结构理论的核心问题之一。资本结构代理理论基于现代企业的典型特征，从经理激励这一视角研究了公司资本结构决定问题,产生了大量的学术成果,如 Jensen 和 Meckling(1976)[7]。然而,这类研究都忽略了管理者特征的异质性,认为管理者特征差异不会影响公司资本结构决策[Cronqvist、Makhija 和 Yonker(2012)[125]]。但自 Hambrick 和 Mason(1984)[114]提出了"高层梯队理论(Upper Echelons Theory)"以来,诸多的实证研究发现,由于管理者个人特征的差异,导致他们的行为选择具有较大差异性,从而影响到公司决策行为。基于管理者异质性,学者们从 CEO 年龄、MBA 学历、任期、早期生活经历、个人负债等方面研究了管理者背景特征对公司资本结构的影响[Bertrand 和 Schoar(2003)[126],Frank 和 Goyal(2007)[127],Cronqvist、Makhija 和 Yonker(2012)[125]],从而极大地丰富了资本结构理论。

与传统金融理论以"理性人"假说为基础不同,行为金融学认为经济活动参与者并非都是"理性人",而是有限理性的,其行为不仅受外部客观环境的影响,还受自身主观心理活动的影响。上市公司各种决策行为,包括公司的融资渠道、投资选择、企业并购、股利发放等可能与现实经济情况并不相符。例如,Hertwig 等(2004)[66]、Hertwig 和 Erev(2009)[67]以及 Hertwig(2012)[68]等研究发现企业管理者基于个人经验的决策不同于基于期望效用理论的决策。所以行为金融研究者在研究企业金融理论时,引入了心理学与行为学理论,着重考虑行为主体在各种心理因素影响下的各种行为。

心理学和行为学的理论告诉我们,个人过去的经验教训对于当前或者未来行为可能会有一定程度的影响,特别是当时的情景再次重现时,尘封的记忆便会再次泛起,虽历久而弥新,不自觉地影响人们的思维和行动。正如俗话所说"前事不忘,后事之师",人们正是由于不断总结自己或他人的经验教训,才能逐渐成长成熟起来。也正是因为可能发生情景重现,所以职业经历比生活经历对管理者现时公司经营决策的影响更大,并且直接关系到管理者公司决策的执行。例如,Kaustia 和 Knüpfer(2008)[99]以及 Chiang 等(2011)[100]均证明经历过 IPO 高回报者更趋向投资 IPO 市场。

甜蜜的回忆固然令人沉醉，苦难的经历更是历久绵长，虽经久而难忘，谚语有云"一朝被蛇咬，十年怕井绳"，正是这个道理。过去的公司财务困境经历可能改变管理者的风险偏好或者期望，从而执行更加保守的财务决策［March（1996）[101]，Denrell 和 March（2001）[98]，Denrell（2007）[102]］。Malmendier 和 Nagel（2011）[90]发现经历过低收益的管理者更不愿意承担融资风险，更不愿参与股票市场融资；Dittmar 和 Duchin（2016）[63]探讨了 CEO 的职业经历如何影响公司政策，发现个人困境、财务困境的职业经历会影响管理者的风险选择和期望，管理者可能选择采取更保守的公司融资决策。这与 Denrell 和 March（2001）[98]的"热炉效应"是一致的，即因为过去糟糕的经历而避免有风险的选择。

事物的联系是矛盾的联系，矛盾的联系是多方面的。困难经历对于个人的影响也存在矛盾的另一面，即经历过职业困境的管理者比未经历过职业困境的管理者更为自信。对未知领域的敬畏心理使得从未经历过困境的管理者由于对困难缺少亲身感知而心存畏惧，决策更加谨慎，因而过高估计困难发生的可能和困难发生时的严重性。而经历过职业困境的管理者得到了历练，有了应对困境的经验，显得更为自信和大胆。正所谓"经历了风吹浪打，方能够闲庭信步"。例如，Roll（1986）[128]的傲慢假说以及 Ben – David、Graham 和 Harvey（2013）[57]提供的证据。

基于以上分析，本章再进一步充分考虑公司治理结构以及管理层是否过度自信约束，探讨基于管理者职业经历的公司资本结构调整速度与偏离程度。改革开放以来，中国经济发展迅速，但是不能否定改革即是新旧体制的转型，改革没有结束，我们还处在转型期，各项制度并不完善，机遇与风险并存。这种背景下，谨慎的经营者倾向于规避风险，而大胆的经营者倾向于抓住机遇。可以认为未经历过职业困境的管理者秉承了谨慎的作风，正因为他们过去一直秉承"小心驶得万年船"的作风，才能避开一次次的危机。而经历过职业困境的管理者秉承了自信大胆的作风,正因为他们大胆开拓,低估了风险,才会经历职业困境。所谓"江山易改,秉性难移",有理由相信在以后的职业生涯中他们会一直坚持原来的人生信条和工作作风。

6.2.2 研究设计

1. 样本数据

本章搜集我国 2006—2013 年剔除金融保险业后 2442 家上市公司的 2535 名 CEO(总经理、执行总裁、总裁)和 2685 名 CFO(财务总监)数据,其中既是 CEO 也是 CFO 的有 30 人,并进行以下数据梳理:①剔除研究当年股票名称冠有 ST、*ST 和 PT 的公司,这类公司财务数据处于异常状态,已经没有持续经营的能力,或者已经连续两年(ST 公司)或两年以上(*ST 公司)处于亏损状态,或面临退市风险(带*号的公司),或暂停上市(PT 公司);②剔除当年 IPO 的上市公司;③剔除销售收入和总资产为 0 或者为负数的样本;④剔除样本期内负债率小于 0 的观测值;⑤在公司变量与管理者层面变量中剔除缺失值;⑥剔除三个被解释变量滞后一期缺失样本的观测值,共采集 2006—2013 年样本 1922 家上市公司、2478 名 CEO 和 2613 名 CFO(其中 CEO 兼 CFO 的管理者 19 位),共 12818 个观测值;⑦建模数据再对主要变量进行了五倍标准差异常值剔除。所有公司数据和公司治理数据都来自 CSMAR 数据库和《中国统计年鉴》(2001—2014 年),其中管理者部分个人特征数据来自手工整理,其余通过 SAS 编程处理。建模数据最终共采集 2006—2013 年期间样本 1893 家上市公司、2404 名 CEO 和 2535 名 CFO(其中 CEO 兼 CFO 的管理者 19 位),共 12165 个观测值。

本章研究的是管理者之前的职业经历如何影响公司资本结构,因此样本数据不含早期职业经历不详细以及早期就职的公司信息缺失的管理者。

2. 变量定义

（1）被解释变量——资本结构（lev），同第4章

①资产负债率（Tlev）：总负债/总资产。

②短期负债率（Flev）：流动负债/总资产。

③长期负债率（Llev）：长期负债/总资产。

补充三个资本结构的主要构成指标：

①短期借款比率（ST）：短期借款/总资产。

②长期借款比率（LT）：长期借款/总资产。

③有息负债比率（IBD）：（短期借款+一年内到期的长期借款+长期负债）/总资产。

（2）解释变量

①管理者层面：

构建五个职业经历测度指标：其中的排名均为在当年所有上市公司包括之前剔除的那些上市公司中的排名。

第一个管理者职业经历指标：现金流危机（cash flow shocks），用 $ProExp1$ 表示。

如果管理者2001—2013年曾经在经营现金流排名最低的10%的公司工作过为1，否则为0。

其中现金流变量借鉴栾天虹、吴晓勇（2014）[129]定义为：经营活动产生的现金流净额/当年年初总资产。

第二个管理者职业经历指标即 SA 指数：融资约束特强，用 $ProExp2$ 表示。

这个指标是基于公司规模和上市年龄而得到的测度管理者职业经历指标。职业经历（SA指数）[Hadlock 和 Pierce（2010）[130]]：

$$SA = -0.737 \times SIZE + 0.043 \times SIZE^2 - 0.040 \times Age$$

(6-1)

其中，$SIZE$ 为公司规模：消除通胀因素的总资产自然对数；Age 为上市年龄：当期年份-公司上市年份。

基于 Hadlock 和 Pierce（2010）[130]融资约束指数，如果管理者 2001—2013 年曾经在最高融资约束 10% 的公司工作过为 1，否则为 0。

第三个管理者职业经历指标：股票收益（stock returns）特低，用 *ProExp*3 表示。

如果管理者 2001—2013 年曾经在股票收益排名最低的 10% 的公司工作过为 1，其他为 0。排名含当年所有沪深两市上市公司。

股票收益的测度：根据现有文献，本章采用以下方法来度量：

$$Ret_{i,t} = \prod_{t=0}^{T}(R_t+1) - \prod_{t=0}^{T}(R_{mt}+1) \qquad (6-2)$$

其中，R_t 为个股月回报率，R_{mt} 为按照流通市值加权平均的综合市场回报率。由于我国上市公司年报公布的截止日期为每年的 4 月 30 日，计算年度超额回报率的月回报区间为当年 5 月份至次年 4 月份。个股月回报率取"考虑现金红利再投资的月回报率"。考虑之前我国特有的股份分割问题，市场月回报率采用按照流通市值加权平均的"考虑现金红利再投资的综合月市场回报率"。

第四个管理者职业经历指标：复合指数 1（composite index），用 *ProExp*4 表示。

如果没有经历过以上三个职业"困境"（融资约束特强、现金流危机、股票收益特低），则以上三个职业经历变量的最大值为 1，最小值为 0。

第五个管理者职业经历指标：复合指数 2（Scomposite index），用 *ProExp*5 表示。

如果没有经历过以上三个职业"困境"（融资约束特强、现金流危机、股票收益特低）为 0，经历过三者之一为 1，经历过其中两个的为 2，经历过以上三个的为 3，即取值范围为 0~3。

其他管理者特征变量的定义均同前几章：过度自信度量（*Moverconfidence*）、年龄（*Mage*）、性别（*Gender*）和任期（*Tenure*）。

②公司层面：

同前几章控制了实证研究中常见的资本结构决定因素，包括公司规模、盈利能力、有形资产、非债务税盾、产权性质、行业和年度（虚拟变量）等变量，用向量组表示为公司特殊的非观测效应。

③公司治理变量（Governance）：

定义同前。

变量定义及描述如表6-1所示。

表6-1 变量描述及公式

	变量（变量名）	变量描述及公式
被解释变量	资本结构（Tlev）	总负债/总资产
	流动资产负债（Flev）	流动负债/总资产
	长期资产负债率（Llev）	长期负债/总资产
	短期借款比率（ST）	短期借款/总资产
	长期借款比率（LT）	长期借款/总资产
	有息负债比率（IBD）	（短期借款+一年内到期的长期借款+长期负债）/总资产
解释变量	职业困境经历——现金流危机（ProExp1）	管理者曾经在经营现金流排名最低的10%的公司工作过为1，否则为0
	职业困境经历——融资约束特强（ProExp2）	据Hadlock和Pierce（2010）[130]，曾经在最高10%的融资约束公司工作过为1，否则为0
	职业困境经历——股票收益特低（ProExp3）	管理者曾经在股票收益排名最低的10%的公司工作过为1，其他为0
	职业困境经历——复合指数1（ProExp4）	以上三个职业经历变量的最大值为1，最小值为0
	职业困境经历——复合指数2（ProExp5）	以上三种职业经历变量相加，越大表示经历得越多

续表

	变量（变量名）	变量描述及公式
控制变量 / 管理者层面	MBA学位（*MBAdeg*）	如果管理者具有MBA学位取值为1，其余取值为0
	性别（*Gender*）	管理者若为男性则取值为1，为女性取值为0
	年龄（*Mage*）	描述统计管理者年龄，实证采用管理者年龄的自然对数
	任期（*Tenure*）	管理者在本公司任职期限
	管理层过度自信（*Moverconfidence*）	参见高登云（2013）[107]用管理层持股数变化测度，以某公司年末管理层持股数–年初持股数，该值大于0，表明管理层过度自信；反之，则信心不足
控制变量 / 公司层面	公司治理（*Governance*）	从激励机制和监督机制两方面选取相应变量，进行因子分析，综合得分作为公司治理结构度量指标
	公司规模（*SIZE*）	总营业收入消除通胀因素后的自然对数，稳健性检验规模用消除通胀因素后的总资产自然对数
	盈利能力（*ROA*）	总资产收益率＝净利润/总资产
	有形资产（*Tang*）	（固定资产＋存货）/总资产
	非债务税盾（*Dep*）	固定资产折旧/总资产
	产权性质（*NPR*）	国有企业取值为1，非国有企业取值为0
	年度哑变量（*Year*）	属于该年度为1，否则为0
	行业（*Ind*）	锐思数据库行业分类

3. 构建模型

（1）CEO 职业经历与资本结构选择

$$Tlev_{i,j} = \beta_{0,i,j} + \beta_{1,i,j}CEOProfExp_{h,i,j} + \beta_{2,i,j}Governance_{i,j} +$$
$$\beta_{3,i,j}Moverconfidence_{i,j} + \beta_{4,i,j}CEOProfExp_{h,i,j} \times Governance_{i,j} +$$
$$\beta_{5,i,j}CEOProfExp_{h,i,j} \times Moverconfidence_{i,j} +$$
$$\sum_{k=6}^{10}\beta_{k,i,j}Firmlevelvariables_{i,j} + \sum_{k=11}^{14}\beta_{k,i,j}CEOlevelvariables_{i,j} +$$
$$\sum_{k=15}^{22}\beta_{k,i,j}Year_{k,i,j} + \sum_{k=23}^{40}\beta_{k,i,j}Ind_{k,i,j} + \varepsilon_{i,j} \quad (6-3)$$

$$Flev_{i,j} = \beta_{0,i,j} + \beta_{1,i,j}CEOProfExp_{h,i,j} + \beta_{2,i,j}Governance_{i,j} +$$
$$\beta_{3,i,j}Moverconfidence_{i,j} + \beta_{4,i,j}CEOProfExp_{h,i,j} \times Governance_{i,j} +$$
$$\beta_{5,i,j}CEOProfExp_{h,i,j} \times Moverconfidence_{i,j} +$$
$$\sum_{k=6}^{10}\beta_{k,i,j}Firmlevelvariables_{i,j} + \sum_{k=11}^{14}\beta_{k,i,j}CEOlevelvariables_{i,j} +$$
$$\sum_{k=15}^{22}\beta_{k,i,j}Year_{k,i,j} + \sum_{k=23}^{40}\beta_{k,i,j}Ind_{k,i,j} + \varepsilon_{i,j} \quad (6-4)$$

$$Llev_{i,j} = \beta_{0,i,j} + \beta_{1,i,j}CEOProfExp_{h,i,j} + \beta_{2,i,j}Governance_{i,j} +$$
$$\beta_{3,i,j}Moverconfidence_{i,j} + \beta_{4,i,j}CEOProfExp_{h,i,j} \times Governance_{i,j} +$$
$$\beta_{5,i,j}CEOProfExp_{h,i,j} \times Moverconfidence_{i,j} +$$
$$\sum_{k=6}^{10}\beta_{k,i,j}Firmlevelvariables_{i,j} + \sum_{k=11}^{14}\beta_{k,i,j}CEOlevelvariables_{i,j} +$$
$$\sum_{k=15}^{22}\beta_{k,i,j}Year_{k,i,j} + \sum_{k=23}^{40}\beta_{k,i,j}Ind_{k,i,j} + \varepsilon_{i,j} \quad (6-5)$$

$$ST_{i,j} = \beta_{0,i,j} + \beta_{1,i,j}CEOProfExp_{h,i,j} + \beta_{2,i,j}Governance_{i,j} +$$
$$\beta_{3,i,j}Moverconfidence_{i,j} + \beta_{4,i,j}CEOProfExp_{h,i,j} \times Governance_{i,j} +$$
$$\beta_{5,i,j}CEOProfExp_{h,i,j} \times Moverconfidence_{i,j} +$$
$$\sum_{k=6}^{10}\beta_{k,i,j}Firmlevelvariables_{i,j} + \sum_{k=11}^{14}\beta_{k,i,j}CEOlevelvariables_{i,j} +$$

$$\sum_{k=15}^{22}\beta_{k,i,j}Year_{k,i,j} + \sum_{k=23}^{40}\beta_{k,i,j}Ind_{k,i,j} + \varepsilon_{i,j} \qquad (6-6)$$

$$LT_{i,j} = \beta_{0,i,j} + \beta_{1,i,j}CEOProfExp_{h,i,j} + \beta_{2,i,j}Governance_{i,j} +$$
$$\beta_{3,i,j}Moverconfidence_{i,j} + \beta_{4,i,j}CEOProfExp_{h,i,j} \times Governance_{i,j} +$$
$$\beta_{5,i,j}CEOProfExp_{h,i,j} \times Moverconfidence_{i,j} +$$
$$\sum_{k=6}^{10}\beta_{k,i,j}Firmlevelvariables_{i,j} + \sum_{k=11}^{14}\beta_{k,i,j}CEOlevelvariables_{i,j} +$$
$$\sum_{k=15}^{22}\beta_{k,i,j}Year_{k,i,j} + \sum_{k=23}^{40}\beta_{k,i,j}Ind_{k,i,j} + \varepsilon_{i,j} \qquad (6-7)$$

$$IBD_{i,j} = \beta_{0,i,j} + \beta_{1,i,j}CEOProfExp_{h,i,j} + \beta_{2,i,j}Governance_{i,j} +$$
$$\beta_{3,i,j}Moverconfidence_{i,j} + \beta_{4,i,j}CEOProfExp_{h,i,j} \times Governance_{i,j} +$$
$$\beta_{5,i,j}CEOProfExp_{h,i,j} \times Moverconfidence_{i,j} +$$
$$\sum_{k=6}^{10}\beta_{k,i,j}Firmlevelvariables_{i,j} + \sum_{k=11}^{14}\beta_{k,i,j}CEOlevelvariables_{i,j} +$$
$$\sum_{k=15}^{22}\beta_{k,i,j}Year_{k,i,j} + \sum_{k=23}^{40}\beta_{k,i,j}Ind_{k,i,j} + \varepsilon_{i,j} \qquad (6-8)$$

（2）CFO 职业经历与资本结构选择

$$Tlev_{i,j} = \beta_{0,i,j} + \beta_{1,i,j}CFOProfExp_{h,i,j} + \alpha_m\beta_{2,j,k}CEOProfExp_{h,j,k} +$$
$$\beta_{3,i,j}Governance_{i,j} + \beta_{4,i,j}Moverconfidence_{i,j} +$$
$$\beta_{5,i,j}CFOProfExp_{h,i,j} \times Governance_{i,j} +$$
$$\beta_{6,i,j}CFOProfExp_{h,i,j} \times Moverconfidence_{i,j} +$$
$$\sum_{k=7}^{11}\beta_{k,i,j}Firmlevelvariables_{i,j} + \alpha_m\sum_{k=12}^{15}\beta_{k,i,j}CEOlevelvariables_{i,j} +$$
$$\sum_{k=16}^{19}\beta_{k,i,j}CFOlevelvariables_{k,i,j} + \sum_{k=20}^{27}\beta_{k,i,j}Year_{k,i,j} +$$
$$\sum_{k=28}^{45}\beta_{k,i,j}Ind_{k,i,j} + \varepsilon_{i,j} \qquad (6-9)$$

$$Flev_{i,j} = \beta_{0,i,j} + \beta_{1,i,j}CFOProfExp_{h,i,j} + \alpha_m\beta_{2,j,k}CEOProfExp_{h,j,k} +$$
$$\beta_{3,i,j}Governance_{i,j} + \beta_{4,i,j}Moverconfidence_{i,j} +$$

$$\beta_{5,i,j} CFOProfExp_{h,i,j} \times Governance_{i,j} +$$

$$\beta_{6,i,j} CFOProfExp_{h,i,j} \times Moverconfidence_{i,j} +$$

$$\sum_{k=7}^{11} \beta_{k,i,j} Firmlevelvariables_{i,j} + \alpha_m \sum_{k=12}^{15} \beta_{k,i,j} CEOlevelvariables_{i,j} +$$

$$\sum_{k=16}^{19} \beta_{k,i,j} CFOlevelvariables_{k,i,j} + \sum_{k=20}^{27} \beta_{k,i,j} Year_{k,i,j} +$$

$$\sum_{k=28}^{45} \beta_{k,i,j} Ind_{k,i,j} + \varepsilon_{i,j} \quad (6-10)$$

$$Llev_{i,j} = \beta_{0,i,j} + \beta_{1,i,j} CFOProfExp_{h,i,j} + \alpha_m \beta_{2,j,k} CEOProfExp_{h,j,k} +$$

$$\beta_{3,i,j} Governance_{i,j} + \beta_{4,i,j} Moverconfidence_{i,j} +$$

$$\beta_{5,i,j} CFOProfExp_{h,i,j} \times Governance_{i,j} +$$

$$\beta_{6,i,j} CFOProfExp_{h,i,j} \times Moverconfidence_{i,j} +$$

$$\sum_{k=7}^{11} \beta_{k,i,j} Firmlevelvariables_{i,j} + \alpha_m \sum_{k=12}^{15} \beta_{k,i,j} CEOlevelvariables_{i,j} +$$

$$\sum_{k=16}^{19} \beta_{k,i,j} CFOlevelvariables_{k,i,j} + \sum_{k=20}^{27} \beta_{k,i,j} Year_{k,i,j} +$$

$$\sum_{k=28}^{45} \beta_{k,i,j} Ind_{k,i,j} + \varepsilon_{i,j} \quad (6-11)$$

其中，$Tlev_{i,j}$、$Flev_{i,j}$、$Llev_{i,j}$、$ST_{i,j}$、$LT_{i,j}$ 和 $IBD_{i,j}$——第 i 年第 j 家公司总负债率、短期负债率、长期负债率、短期借款比率、长期借款比率和有息负债率；$CEOProfExp_{h,i,j}$（$CFOProfExp_{h,i,j}$）——第 i 年第 j 家 CEO（CFO）第 h 种职业困境经历（$h=1$ 表示现金流危机、$h=2$ 表示融资约束特强、$h=3$ 表示股票收益特低、$h=4$ 表示复合指数 1、$h=5$ 表示复合指数 2）；$Governance_{i,j}$——第 i 年第 j 家公司治理变量；$Moverconfidence_{i,j}$——第 i 年第 j 家公司过度自信变量；$Firmlevelvariables_{i,j}$——第 i 年第 j 家公司层面变量，包括公司治理、规模、盈利能力、有形资产、非债务税盾和产权性质；$levelvariables_{k,i,j}$——第 i 年第 j 家公司 CEO（CFO）年龄、性别和任期；α_m 分为取值 0（未考虑 CEO 约束）与 1（考虑 CEO 约束）两种情况；$\varepsilon_{i,j}$ 为随机误差项。

6.3 实证分析

6.3.1 描述统计

以下分别就公司层面和管理者层面进行描述统计分析。

1. 公司层面

如表6-2所示，公司层面上，总负债率、短期负债率和长期负债率均值分别为66.1%、54.6%和7.7%，标准差分别10.984、9.999和0.120，离散系数分别为16.62、18.31和1.56，可见就变量值集中程度而言，各公司间长期负债率最为稳定均匀，总负债率其次，短期负债率最为分散，由此验证了资本结构、短期和长期负债率在我国公司中的重要地位；中位数分别为49.9%、39.4%和2.6%；最大值为877.256、800.298和2.374，而最小值为0.7%、0.3%和0，说明资本结构在企业间存在明显差异，这为本文研究提供了数据支持；公司治理结构变量最大值为3.750，最小值为-1.270，均值为0.048，说明公司治理结构在公司间存在差异，公司治理结构的差异对资本结构影响是否显著需进一步检验。

管理者层面上，三个职业困境经历和两个职业经历复合指标均值分别为10.3%、10.9%、10.2%、26.5%和31.4%，说明我国上市公司具有职业困境经历的管理者还是比较多的。

考虑管理者职位的不同，管理者个人特征可能存在差异性，将本章样本再进一步细分为CEO、CFO和CEO兼CFO三组子样本，对三组子样本的管理者特征的描述统计进行对比分析，为做回归分析提供数据支持。由表6-3可知：①职业困境经历：CEO组、CFO组和CEO兼CFO组经历过现金流危机管理者均值分别为10.0%、10.7%和23.33%，经历过融资约束特强管理者均值分别为11.3%、10.4%和6.7%，经历过股票收益特低管理者均值分别为10.4%、10.0%和13.3%；②管理者是否具有MBA学历：CEO子样本具有

表6-2 主要变量描述统计

面板A：公司层面变量

变量	N	均值	中位数	最小值	最大值	标准差	偏度	峰度
Tlev	12818	0.661	0.499	0.007	877.256	10.984	79.340	6329.03
Flev	12818	0.546	0.394	0.003	800.298	9.999	79.867	6387.23
Llev	12818	0.077	0.026	0	2.374	0.120	4.664	56.758
ST	12818	0.210	0.111	0	460.192	5.748	79.966	6397.84
LT	12743	0.061	0.013	0	0.717	0.096	2.225	5.547
IBD	12495	0.312	0.217	0	460.192	5.824	78.821	6222.71
Governance	12818	0.048	0.020	−1.270	3.750	0.385	1.234	7.134
SIZE	12818	19.441	19.370	9.563	27.043	1.554	0.038	2.530
ROA	12818	−0.294	0.038	−2146.16	7.696	26.808	−80.044	6406.19
Tang	12818	0.442	0.439	0	0.971	0.186	0.035	−0.483
Dep	12818	0.262	0.229	0	0.971	0.184	0.749	0.057
NPR	12818	0.545	1	0	1	0.498	−0.179	−1.968

续表

面板 B: 管理者层面变量

变量	N	均值	中位数	最小值	最大值	标准差	偏度	峰度
ProfExp1	12818	0.103	0	0	1	0.305	2.606	4.792
ProfExp2	12818	0.109	0	0	1	0.311	2.518	4.339
ProfExp3	12818	0.102	0	0	1	0.302	2.634	4.938
ProfExp4	12818	0.265	0	0	1	0.422	1.063	-0.870
ProfExp5	12862	0.314	0	0	3	0.569	1.835	3.257
Mage	12818	45.130	45	27	70	6.500	0.248	-0.207
Gender	12818	0.827	1	0	1	0.378	-1.730	0.994
Tenure	12818	1.171	1	0	16	1.413	2.508	10.743
MBAdeg	12818	0.034	0	0	1	0.182	5.103	24.046
Moverconfidence	12818	0.293	0	0	1	0.455	0.911	-1.171

表6-3 管理者层面分组变量描述性统计

管理者	变量	N	均值	中位数	最小值	最大值	标准差	偏度	峰度
CEO	ProfExp1	6294	0.100	0	0	1	0.301	2.661	5.075
	ProfExp2	6294	0.113	0	0	1	0.317	2.446	3.984
	ProfExp3	6294	0.104	0	0	1	0.305	2.602	4.774
	ProfExp4	6294	0.270	0	0	1	0.444	1.038	-0.924
	ProfExp5	6294	0.317	0	0	3	0.566	1.775	2.950
	Mage	6294	46.761	46	27	70	6.039	0.125	0.018
	Gender	6294	0.942	1	0	1	0.232	-3.802	12.459
	Tenure	6294	1.198	1	0	14	1.422	2.463	10.178
	MBAdeg	6294	0.028	0	0	1	0.164	5.763	31.227
	Moverconfidence	6294	0.279	0	0	1	0.448	0.988	-1.025
CFO	ProfExp1	6554	0.107	0	0	1	0.309	2.547	4.487
	ProfExp2	6554	0.104	0	0	1	0.305	2.594	4.731
	ProfExp3	6554	0.100	0	0	1	0.300	2.663	5.092
	ProfExp4	6554	0.262	0	0	1	0.440	1.085	-0.824
	ProfExp5	6554	0.311	0	0	3	0.571	1.888	3.527

续表

管理者	变量	N	均值	中位数	最小值	最大值	标准差	偏度	峰度
CFO	Mage	6554	43.565	43	27	70	6.539	0.487	-0.050
	Gender	6554	0.717	1	0	1	0.451	-0.962	-1.075
	Tenure	6554	1.145	1	0	16	1.404	2.554	11.342
	MBAdeg	6554	0.041	0	0	1	0.198	4.628	19.423
	Moverconfidence	6554	0.306	0	0	1	0.461	0.842	-1.292
	ProfExp1	30	0.2333	0	0	1	0.430	1.328	-0.257
	ProfExp2	30	0.067	0	0	1	0.254	3.660	12.207
	ProfExp3	30	0.133	0	0	1	0.346	2.273	3.386
	ProfExp4	30	0.400	0	0	1	0.498	0.430	-1.950
	ProfExp5	30	0.4333	0	0	2	0.568	0.882	-0.168
CEO 兼 CFO	Mage	30	45.167	45	34	59	5.972	0.530	0.133
	Gender	30	0.900	1	0	1	0.305	-2.809	6.308
	Tenure	30	1	1	0	4	1.017	1.053	1.181
	MBAdeg	30	0.033	0	0	1	0.183	5.477	30.000
	Moverconfidence	30	0.233	0	0	1	0.430	1.328	-0.257

MBA学历占比2.8%，低于CFO具有MBA学历占比4.1%，也低于CEO兼CFO具有MBA学历占比3.3%；③性别：CEO、CFO和CEO兼CFO管理者男性占比分别为94.2%、71.7%和90.0%，这具有性别特征；④年龄：三组子样本年龄均值分别为46.761岁、43.565岁和45.167岁，CEO平均年龄高于CFO平均年龄3.196岁；⑤任期：三组子样本任期差异不大，CEO与CFO任期最长时间分别为14年与16年。由以上分析可知，有必要对全样本根据管理者职位分成三组进行回归分析。

由表6-4可以看出，实证考察样本，CEO经历过现金流危机的管理者占10.04%，经历过融资约束特强的管理者占11.30%，经历过所在公司股票收益特低的管理者占10.36%，至少经历过以上三者之一的样本比重为26.98%；CFO的类似比重分别是10.68%、10.41%、10.02%和26.17%；CEO兼CFO者类似的比重分别是23.33%、6.67%、13.33%和40.00%。

表6-4 管理者职业困境经历频数分布表

指标	困境职业经历（%）		
	CEO	CFO	CEO兼CFO
*ProfExp*1（现金流危机）	10.04	10.68	23.33
*ProfExp*2（融资约束特强）	11.30	10.41	6.67
*ProfExp*3（股票收益特低）	10.36	10.02	13.33
*ProfExp*4（复合指标1）	26.98	26.17	40.00

2. 按类型分样本主要变量描述性统计

表6-5按照企业性质与管理层是否过度自信两方面分类对各自的主要变量均值进行T检验。表6-5显示6个被解释变量、5个管理者职业经历变量以及4个管理者个人特征变量按照以上两种类型T检验结果大部分存在显著差异，只有短期借款比率按照企业性质T检验并不显著；按照管理层是否过度自信T检验，只有经历过股票收益特低、管理者任期和管理者是否具有MBA学历并不不存在显著差异。

表6-5 高管职业经历与公司资本结构分类型 T 检验比较

面板 A

变量	企业类型 NPR 国企（1）	企业类型 NPR 私企（2）	管理层是否过度自信 Moverconfidence 是（3）	管理层是否过度自信 Moverconfidence 否（4）	T 检验 （1）—（2）	T 检验 （3）—（4）
N	6638	5527	3579	8586	12165	12165
Tlev	0.5106	0.4602	0.4562	0.5009	-10.39***	9.29***
Flev	0.4094	0.3927	0.3796	0.4111	-4.31***	7.96***
Llev	0.0901	0.0529	0.0651	0.0766	-21.00***	5.89***
ST	0.1327	0.1329	0.1260	0.1356	0.05	4.10***
LT	0.0723	0.0434	0.0529	0.0618	18.22***	5.07***
IBD	0.2424	0.2011	0.2062	0.2309	14.11***	7.65***
ProfExp1	0.0850	0.1236	0.1148	0.0974	6.90***	-2.81***
ProfExp2	0.1601	0.0389	0.1123	0.1020	-23.32***	-1.669*
ProfExp3	0.1061	0.0937	0.0964	0.1021	-2.26**	0.97
ProfExp4	0.2953	0.2207	0.2761	0.2553	-9.43***	-2.35**
ProfExp5	0.3512	0.2562	0.3236	0.3015	-9.39***	-1.95*
Mage	46.1764	43.8191	44.8695	45.2037	-20.20***	2.59***
Gender	0.8534	0.7914	0.8061	0.8332	-8.89***	3.51***
Tenure	1.1629	1.1124	1.1296	1.1442	-2.14**	0.57
MBAdeg	0.0313	0.0387	0.0349	0.0346	2.20**	-0.09

早期职业经历是否影响公司资本结构水平？从而在一定程度上降低公司再次陷入危机与困境的可能性呢？以下探讨公司资本结构是否具有管理者职业经历效应，以及有何种程度的影响。在公司治理和管理层过度自信控制下，研究管理者早期职业经历对公司资本结构的影响。

6.3.2 CEO 管理者职业经历与公司资本结构

1. 管理者职业经历测度相关分析

表6-6是管理者职业经历各测度之间的相关分析。由表6-6

可以看出，管理者职业困境经历测度之间的相关系数均为正。

表6-6 管理者职业困境经历测度相关分析

	ProfExp 1	ProfExp 2	ProfExp 3	ProfExp 4	ProfExp 5
ProfExp 1	1.000				
ProfExp 2	0.080***	1.000			
ProfExp 3	0.062***	0.079***	1.000		
ProfExp 4	0.568***	0.576***	0.562***	1.000	
ProfExp 5	0.615***	0.630***	0.610***	0.919***	1.000

管理者职业困境经历三个指标之间相关系数均比较小，且在显著性水平1%上均呈显著的正相关关系。

公司资本结构与其他主要变量之间的相关系数见表6-7。

表6-7面板A为全样本、面板B为CEO组，面板C为CFO组，面板D为CEO兼CFO组。全样本中的总负债率除了与MBA学历之间不显著相关外，与其余变量之间均显著相关。CEO样本组、CFO样本组以及CEO兼CFO样本组各变量相关系数存在差异。因此，以下分CEO组、CFO组进行实证分析。

2. CEO职业经历与公司资本结构

管理者早期经历影响公司资本结构吗？为此分别就CEO与CFO职业经历对公司资本结构进行以下回归分析。具体可见表6-8和表6-9。

本章重点的变量是管理者职业经历，同时考虑影响公司资本结构的其他变量：管理者层面其他变量和公司层面变量，行业和年份虚拟变量作为控制变量。

表6-7　主要变量之间的相关分析

面板A（全样本）

相关系数	Lev	ProfExp1	ProfExp2	ProfExp3	ProfExp4	ProfExp5	SIZE	Governance	Moreconf	ROA	Tang	Dep	NPR	Mage	Gender	Tenure
Lev	1															
ProfExp1	0.082***	1														
ProfExp2	0.135***	0.080***	1													
ProfExp3	0.003	0.062***	0.079***	1												
ProfExp4	0.126***	0.568***	0.576***	0.562***	1											
ProfExp5	0.009***	0.615***	0.630***	0.610***	0.919***	1										
SIZE	0.214***	−0.080***	0.487***	0.014	0.244***	0.229***	1									
Governance	−0.136***	−0.004	0.160***	0.012	0.097***	0.091***	0.240***	1								
Moreconfidence	−0.079***	0.026***	0.015*	−0.008	0.022***	0.018***	0.038***	0.136***	1							
ROA	−0.048***	−0.065***	0.013	−0.041***	−0.044***	−0.050***	0.094***	0.155***	0.083***	1						
Tang	0.251***	0.058***	0.107***	0.006	0.091***	0.093***	0.166***	−0.112***	−0.086***	−0.127***	1					
Dep	0.041***	−0.021***	0.066***	0.014	−0.058***	−0.070***	0.106***	−0.109***	−0.084***	−0.083***	0.582***	1				
NPR	0.098***	−0.063***	0.197***	0.020***	0.084***	0.084***	0.331***	−0.044***	−0.126***	−0.035***	0.124***	0.185***	1			
Mage	0.030***	−0.032***	0.119***	0.031***	0.055***	0.064***	0.134***	0.057***	−0.024***	0.001	0.029***	0.048***	0.187***	1		
Gender	0.035***	0.008	0.056***	0.020***	0.035***	0.045***	0.074***	0.085***	−0.033***	−0.033***	0.032***	0.044***	0.081***	0.049***	1	
Tenure	−0.031***	−0.012	0.063***	0.013	0.032***	0.035***	0.042***	0.066***	−0.005	0.017***	−0.021***	−0.022***	0.019***	0.115***	0.012	1
MBAdeg	0.012	0.014	0.068***	0.013	0.049***	0.052***	0.050***	0.028***	0.020***	0.020***	−0.034***	−0.012	−0.020***	−0.053***	−0.019***	0.016*
观测值	12165	12165	12165	12165	12165	12165	12165	12165	12165	12165	12165	12165	12165	12165	12165	12165
公司（家）	1893	1893	1893	1893	1893	1893	1893	1893	1893	1893	1893	1893	1893	1893	1893	1893
CEO（人）	2404	2404	2404	2404	2404	2404	2404	2404	2404	2404	2404	2404	2404	2404	2404	2404
CFO（人）	2535	2535	2535	2535	2535	2535	2535	2535	2535	2535	2535	2535	2535	2535	2535	2535
CEO兼CFO	19	19	19	19	19	19	19	19	19	19	19	19	19	19	19	19

续表

面板 B（CEO）

相关系数	Lev	ProfExp1	ProfExp2	ProfExp3	ProfExp4	ProfExp5	SIZE	Governance	Moreconf	ROA	Tang	Dep	NPR	Mage	Gender	Tenure
Lev	1															
ProfExp1	0.076***	1														
ProfExp2	0.121***	0.067***	1													
ProfExp3	−0.002	0.054***	0.077***	1												
ProfExp4	0.116***	0.555***	0.582***	0.561***	1											
ProfExp5	0.106***	0.601***	0.632***	0.611***	0.921***	1										
SIZE	0.198***	−0.085***	0.505***	0.007	0.257***	0.239***	1									
Governance	−0.140***	−0.009	0.171***	0.003	0.102***	0.092***	0.256***	1								
Moreconfidence	−0.060***	0.031***	0.023*	−0.010	0.030*	0.024**	0.052***	0.126***	1							
ROA	−0.029**	−0.064***	0.018	−0.044***	−0.038***	−0.048***	0.095***	0.161***	0.072***	1						
Tang	0.236***	0.049***	0.105***	0.001	0.086***	0.085***	0.151***	−0.103***	−0.074***	−0.117***	1					
Dep	0.038***	−0.215***	0.068***	0.011	−0.061***	−0.071***	0.095***	−0.111***	−0.079***	−0.074***	0.583***	1				
NPR	0.061***	−0.080***	0.182***	0.016	0.070***	0.067***	0.312***	−0.074***	−0.110***	−0.032***	0.106***	0.184***	1			
Mage	0.026**	−0.060***	0.126***	0.023	0.045***	0.050***	0.129***	0.038***	−0.033***	0.023*	0.012	0.058***	0.201***	1		
Gender	0.008	−0.019	0.025*	0.027***	0.015	0.018	0.039***	−0.074	−0.011***	−0.018	0.028**	0.076***	0.091***	−0.013	1	
Tenure	−0.032***	−0.014	0.060***	0.002	0.023**	0.027**	0.033***	0.090***	0.014	0.008	−0.032***	−0.033***	−0.002	0.087***	−0.025*	1
MBAdeg	0.031**	0.021	0.074***	0.016	0.074***	0.061***	0.058***	0.025***	−0.014	0.001	−0.013	−0.033***	−0.019	−0.045***	−0.010	0.029***
观测值	5968	5968	5968	5968	5968	5968	5968	5968	5968	5968	5968	5968	5968	5968	5968	5968
CEO（人）	2404	2404	2404	2404	2404	2404	2404	2404	2404	2404	2404	2404	2404	2404	2404	2404

续表

面板 C（CFO）

相关系数	Lev	ProfExp1	ProfExp2	ProfExp3	ProfExp4	ProfExp5	SIZE	Governance	Moverconf	ROA	Tang	Dep	NPR	Mage	Gender	Tenure
Lev	1															
ProfExp1	0.087***	1														
ProfExp2	0.149***	0.092***	1													
ProfExp3	0.008	0.067***	0.082***	1												
ProfExp4	0.135***	0.581***	0.568***	0.562***	1											
ProfExp5	0.131***	0.629***	0.628***	0.610***	0.917***	1										
SIZE	0.231***	−0.076***	0.467***	0.021*	0.229***	0.219***	1									
Governance	−0.138***	0.002	0.150***	0.020	0.094***	0.092***	0.227***	1								
Moverconfidence	−0.094***	0.019	0.010	−0.010	−0.006	0.012	0.031**	0.149***	1							
ROA	−0.066***	−0.066***	0.007	−0.037***	−0.049***	−0.052***	0.094***	0.154***	0.092***	1						
Tang	0.265***	0.067***	0.110***	0.012	0.097***	0.102***	0.183***	−0.122***	−0.093***	−0.135***	1					
Dep	0.043***	−0.208***	0.063***	0.017	−0.056***	−0.071***	0.118***	−0.111***	−0.085***	−0.090***	0.580***	1				
NPR	0.129***	−0.049***	0.211***	0.023**	0.096***	0.098***	0.347***	−0.029***	−0.136***	−0.037***	0.138***	0.187***	1			
Mage	0.017	−0.006	0.115***	0.037***	0.065***	0.077***	0.126***	0.047***	−0.004	−0.014	0.032***	0.029***	0.150***	1		
Gender	0.033***	0.026**	0.073***	0.017	0.046***	0.062***	0.077***	0.011	−0.013*	−0.040***	0.022***	0.020	0.049***	−0.038***	1	
Tenure	−0.031***	−0.009	0.065***	0.024**	0.042***	0.042***	0.051***	0.080***	−0.022**	0.026**	−0.010	−0.012	0.038***	0.138***	0.024*	1
MBAdeg	0.0001	0.011	0.065***	0.010	0.030**	0.046***	0.048***	0.034***	0.010	0.034***	−0.049***	0.008	−0.017	−0.047***	−0.010	0.007
观测值	6266	6266	6266	6266	6266	6266	6266	6266	6266	6266	6266	6266	6266	6266	6266	6266
CFO（人）	2535	2535	2535	2535	2535	2535	2535	2535	2535	2535	2535	2535	2535	2535	2535	2535

续表

面板 D (CEO 兼 CFO)

相关系数	Lev	ProfExp1	ProfExp2	ProfExp3	ProfExp4	ProfExp5	SIZE	Governance	Moveconf	ROA	Tang	Dep	NPR	Mage	Gender	Tenure
Lev	1															
ProfExp1	0.033	1														
ProfExp2	0.421**	−0.154	1													
ProfExp3	0.062	−0.226	0.286	1												
ProfExp4	0.184	0.671***	0.324***	0.476***	1											
ProfExp5	0.243	0.553***	0.509***	0.570***	0.949***	1										
SIZE	0.650***	−0.151	0.445***	0.240	0.137	0.233	1									
Governance	0.247	0.152	0.071	0.393***	0.362*	0.388**	0.576***	1								
Moveconfidence	0.088	−0.318*	0.483***	0.242	0.017	0.124	0.379**	0.310	1							
ROA	−0.295	−0.261	−0.182	−0.078	−0.210	0.233	0.200	0.194	0.423**	1						
Tang	0.582***	0.202	0.177	0.254	0.382**	0.389***	0.679***	0.057	−0.086**	−0.115	1					
Dep	−0.015	−0.375***	−0.054	0.175	−0.190	−0.202	0.319**	0.314**	0.273	0.384**	0.284	1				
NPR	0.416**	−0.288	0.533***	0.043	−0.083	0.047	0.521***	0.048	0.110	−0.006	0.216	0.424***	1			
Mage	0.314*	0.081	0.314*	0.266	0.337*	0.366*	0.362*	0.286	−0.154	−0.385***	0.482***	0.146	0.334**	1		
Gender	−0.194	−0.073	−0.354*	0.136	−0.174	−0.132	−0.139	0.153	−0.073	0.029	0.179	0.127	−0.106	0.206	1	
Tenure	−0.006	0.079	−0.134	0.098	0.069	0.060	0.117	0.353*	0.000	0.097	0.182	0.263	0.000	0.199	0.334*	1
MBAdeg	0.238	0.335*	−0.051	−0.076	0.225	0.185	0.097	0.136	−0.107	−0.100	−0.041	−0.088	−0.097	−0.163	−0.556***	−0.186
观测值	29	29	29	29	29	29	29	29	29	29	29	29	29	29	29	29
CEO 兼 CFO (人)	19	19	19	19	19	19	19	19	19	19	19	19	19	19	19	19

表6-8 CEO职业困境经历与公司资本结构回归结果

面板A：$TLev$

职业经历测度指标 模型	ProfExp1 (1)	ProfExp2 (2)	ProfExp3 (3)	ProfExp4 (4)	ProfExp5 (5)
CEO ProfExp	0.026*	-0.001	-0.004	0.020*	0.009
Governance	-0.132***	-0.141***	-0.136***	-0.148***	-0.148***
Overconfidence	-0.025***	-0.024***	-0.024***	-0.025***	-0.027***
CEO ProfExp × Governance	0.016	0.129***	0.054**	0.064*	0.059*
CEO ProfExp × Overconfidence	0.014	0.025*	0.017	0.008	0.015
SIZE	0.036***	0.031***	0.035***	0.032***	0.032***
ROA	0.040	0.040	0.033	0.045	0.044
Tang	0.349***	0.362***	0.362***	0.354***	0.353***
Dep	-0.136***	-0.154***	-0.154***	-0.144***	-0.144***
NPR	-0.018**	-0.018***	-0.018**	-0.017**	-0.018**
CEO Mage	0.025	0.020	0.023	0.021	0.021
CEO Gender	-0.005	-0.006	-0.004	-0.005	-0.005
CEO Tenure	-0.003	-0.003	-0.003	-0.003	-0.003
CEO MBAdeg	0.021	0.018	0.023*	0.017	0.020
Year	控制	控制	控制	控制	控制
Ind	控制	控制	控制	控制	控制
N (Observations)	5968	5968	5968	5968	5968
R^2	0.1687	0.1705	0.1680	0.1708	0.1707

102

续表

面板 B：$Flev$

职业经历测度指标 模型	ProfExp1 (1)	ProfExp2 (2)	ProfExp3 (3)	ProfExp4 (4)	ProfExp5 (5)
CEO ProfExp	0.011	-0.047***	-0.017*	-0.008	-0.012*
Governance	-0.111***	-0.112***	-0.114***	-0.111***	-0.113***
Moverconfidence	-0.018***	-0.022***	-0.020***	-0.022***	-0.023***
CEO ProfExp × Governance	-0.005	0.050*	0.024	0.004	0.010
CEO ProfExp × Moverconfidence	-0.002	0.033*	0.020	0.014	0.015*
SIZE	0.030***	0.032***	0.029***	0.030***	0.030***
ROA	-0.339*	-0.344*	-0.343*	-0.342*	-0.344*
Tang	0.349***	0.347***	0.352***	0.352***	0.351***
Dep	-0.275***	-0.276***	-0.280***	-0.281***	-0.281***
NPR	-0.028***	-0.029***	-0.028***	-0.028***	-0.029***
CEO Mage	0.002	0.006	0.002	0.001	0.002
CEO Gender	-0.010	-0.010	-0.009	-0.010	-0.009
CEO Tenure	-0.002	-0.002	-0.002	-0.002	-0.002
CEO MBAdeg	0.012	0.015	0.013	0.013	0.014
Year	控制	控制	控制	控制	控制
Ind	控制	控制	控制	控制	控制
N (Observations)	5968	5968	5968	5968	5968
R^2	0.2205	0.2224	0.2209	0.2206	0.2211

续表

面板 C：LLev

职业经历测度指标 模型	ProfExp1 (1)	ProfExp2 (2)	ProfExp3 (3)	ProfExp4 (4)	ProfExp5 (5)
CEO ProfExp	0.013**	0.032***	0.011**	0.022***	0.015***
Governance	0.003	−0.001	0.002	−0.004	−0.003
Moverconfidence	−0.003	0.00002	−0.001	−0.001	−0.002
CEO ProfExp × Governance	0.002	0.024*	0.014	0.021***	0.019***
CEO ProfExp × Moverconfidence	0.017*	−0.009	−0.002	−0.001	0.002
SIZE	0.013***	0.009***	0.013***	0.011***	0.011***
ROA	−0.061**	−0.060***	−0.063**	−0.056**	−0.056**
Tang	0.018	0.029**	0.026**	0.021*	0.021*
Dep	0.126***	0.112***	0.116***	0.123***	0.124***
NPR	0.009***	0.009***	0.009***	0.010***	0.009***
CEO Mage	−0.016*	−0.022**	−0.018*	−0.019**	−0.020**
CEO Gender	0.005	0.004	0.005	0.004	0.004
CEO Tenure	−0.0001	−0.0005	−0.0001	−0.0002	−0.0003
CEO MBAdeg	0.002	−0.001	0.002	−0.001	0.00003
Year	控制	控制	控制	控制	控制
Ind	控制	控制	控制	控制	控制
N（Observations）	5968	5968	5968	5968	5968
R^2	0.2747	0.2794	0.2729	0.2811	0.2803

表 6-8 显示 CEO 职业困境经历与公司资本结构回归结果，CEO 兼 CFO 管理者回归结果未在表 6-8 中显示：其中面板 A、B 和 C 分别是管理者职业困境经历与公司资产负债率、短期负债率和长期负债率回归结果。

（1）总负债率

从表 6-8 所列回归结果中容易发现，面板 A 中 $ProfExp1$（现金流危机）和 $ProfExp4$（复合指数 1）与公司总负债率水平显著地正相关，其余 $ProfExp2$（融资约束特强）、$ProfExp3$（股票收益特低）和 $ProfExp5$（复合指数 2）与公司总负债率水平的关系不显著。这一结果表明：经历过现金流危机的 CEO 所在公司处于更高的总负债率水平（显著），而经历过股票收益特低和融资约束特强的 CEO 所在公司依然处于较低的总负债率水平（但不显著）。结果说明股票收益的高低和融资约束强弱对于企业总负债率的影响不大（不显著的负相关），而现金流危机则是企业管理者保持较高负债率所必须考虑的重要因素（显著的正相关）。

控制 CEO 职业困境经历与公司治理交乘项（$ProfExp \times Governance$）后，只有经历过现金流危机的 CEO 交乘项的回归系数为不显著的正相关，其余职业困境经历与公司治理交乘项均是显著的。说明经历过融资约束特强和股票收益特低的 CEO 所在的公司治理对管理者职业经历正向作用有所增强，经历过融资约束特强和股票收益特低的 CEO，公司治理结构越完善的，其公司总负债率越高；公司治理结构较差的，其公司总负债率更低。

类似地，控制 CEO 职业困境经历与管理层过度自信交乘项（$ProfExp \times Moverconfidence$）后，只有经历过融资约束特强的 CEO 交乘项的回归系数在 10% 显著性水平下显著为正，其余交乘项的回归系数均为不显著（为正）。说明经历过融资约束特强的 CEO 所在的公司管理层过度自信对管理者职业经历正向作用有所增强，经历过融资约束特强的 CEO，管理层过度自信的公司总负债率较高，更愿意选择高杠杆比率。

在控制变量的回归结果中,与第 4 章控制变量回归结果基本一致,即公司治理结构越差、公司规模越大、盈利能力越差、有形资产越多、非债务税盾越低、私企和管理层自信心不足的公司总负债率更高。

(2) 短期负债率

从表 6-8 面板 B 回归结果中可知,$ProfExp2$(融资约束特强)、$ProfExp3$(股票收益特低)和 $ProfExp5$(复合指数 2)与公司短期负债率水平呈显著的负相关,$ProfExp1$(现金流危机)和 $ProfExp4$(复合指数 1)与公司短期负债率水平的关系不显著。这一结果表明:经历过现金流危机的 CEO 所在公司处于更高的短期负债率水平(不显著),而经历过股票收益特低和融资约束特强的 CEO 所在公司依然处于较低的总负债率水平(显著)。说明现金流危机对于企业短期负债率的影响不大(不显著的正相关),而股票收益高低和融资约束强弱则是企业管理者保持较低短期负债率所必须考虑的重要因素(显著的负相关)。

控制 CEO 职业困境经历与公司治理交乘项($ProfExp \times Governance$)后,只有经历过融资约束特强的 CEO 交乘项的回归系数是显著的(正相关),其余职业困境经历与公司治理交乘项均不显著。说明经历过融资约束特强 CEO 所在的公司治理对管理者职业经历正向作用有所增强,经历过融资约束特强的 CEO,公司治理结构越完善的公司短期负债率越高,公司治理结构较差的公司短期负债率更低。

类似地,控制 CEO 职业困境经历与管理层过度自信交乘项($ProfExp \times Moverconfidence$)后,只有 $ProfExp2$(融资约束特强)和 $ProfExp5$(复合指数 2)的交乘项的回归系数在 10% 的显著性水平下为正,其余交乘项的回归系数均为不显著。说明经历过融资约束特强的 CEO 所在的公司管理层过度自信对管理者职业经历正向作用有所增强,经历过融资约束特强的 CEO,管理层过度自信的公司短期负债率较高,更愿意选择高杠杆比率。

在控制变量的回归结果中，与第 4 章控制变量回归结果基本一致，即公司治理结构越差、公司规模越大、盈利能力越差、有形资产越多、非债务税盾越低、私企和管理层自信心不足的公司短期负债率水平更高。

（3）长期负债率

从表 6-8 面板 C 回归结果看出，三个职业经历和两个复合指数与公司长期负债率水平显著地正相关。这一结果表明：经历过现金流危机、融资约束特强和股票收益特低的 CEO 所在公司处于更高的长期负债率水平（显著）。说明现金流危机、融资约束强弱以及股票收益高低均是公司保持较高长期负债率的原因。

控制 CEO 职业困境经历与公司治理交乘项（$ProfExp \times Governance$）后，只有经历过现金流危机和两个复合指数交乘项的回归系数为显著的正相关，其余职业经历与公司治理交乘项的回归系数是不显著的。说明经历过融资约束特强的 CEO 所在的公司治理对管理者职业困境经历正向作用有所增强，经历过融资约束特强的 CEO，公司治理结构越完善的公司长期负债率越高，反之亦然。

类似地，控制 CEO 职业困境经历与管理层过度自信交乘项（$ProfExp \times Moverconfidence$）后，只有经历过现金流危机的 CEO 交乘项的回归系数在 10% 显著性水平下为正，其余交乘项的回归系数均为不显著。说明经历过现金流危机的 CEO 所在的公司管理层过度自信对管理者职业经历正向作用有所增强，经历过现金流危机的 CEO，管理层过度自信的公司长期负债率较高。

在控制变量的回归结果中，与第 5 章控制变量回归结果基本一致，即公司治理结构越差（不显著）、公司规模越大、盈利能力越差、有形资产越多（强调经历过现金流危机有形资产回归系数不显著）、非债务税盾越高、国企的公司长期负债率水平更高。

由表 6-8 可知，CEO 的其他个人特征（年龄、性别、任期和 MBA 学历）大部分不显著，CEO 只有 MBA 学历与总负债率回归系数是正的显著相关，说明具有 MBA 学历的 CEO 偏向持有较高的总负债率。

从以上分析可以看出，管理者职业经历对公司资本结构、债务期限结构影响显著，为此还需要研究管理者职业经历变化对资本结构的哪些具体构成成分的影响是显著的。因此，接着选择短期借款、长期借款、有息负债这3个资本结构的主要构成成分作为被解释变量，进一步考察管理者职业经历对这3个项目的影响，也就是说，在管理者经历过职业困境的情况下，公司资本结构是通过哪些具体的构成成分来调整的。考察短期借款和长期借款这两个来自银行的变量，可以了解上市公司贷款期限的变化。

从资本结构的3个主要构成部分，即短期借款比率、长期借款比率和有息负债比率的回归结果来看相应的变化。

①短期借款比率：

从表6-9所列回归结果中容易发现，面板A中 $ProfExp1$（现金流危机）、$ProfExp2$（融资约束特强）和 $ProfExp5$（复合指数2）与公司短期借款比率回归系数分别为显著的正相关、负相关和负相关，而 $ProfExp3$（股票收益特低）和 $ProfExp4$（复合指数1）与公司短期借款比率回归系数不显著。这一结果表明：经历过现金流危机的CEO所在公司持有更高的短期借款比率，而经历过融资约束特强的CEO所在公司依然处于较低的短期借款比率；并没有证据支持经历过股票收益特低的CEO所在公司短期借款比率也较低。

控制CEO职业困境经历与公司治理交乘项后，只有经历过融资约束特强（$ProfExp2$）的CEO交乘项（$ProfExp2 \times Governance$）的回归系数为不显著的正相关，其余CEO职业困境经历与公司治理交乘项回归系数均为正的显著相关。说明经历过现金流危机和股票收益特低的CEO所在的公司治理对管理者职业经历正向作用有所增强，经历过融资约束特强和股票收益特低的CEO，公司治理结构越完善的公司短期借款比率越高，公司治理较差的公司短期借款比率更低，而且越容易融资短期借款。

表6-9 CEO 职业困境经历与公司资本结构成分回归结果

面板A：ST

职业经历测度指标	ProfExp1	ProfExp2	ProfExp3	ProfExp4	ProfExp5
模型	(1)	(2)	(3)	(4)	(5)
CEO ProfExp	0.029***	-0.051***	-0.009	-0.005	-0.007*
Governance	-0.044***	-0.036***	-0.043***	-0.043***	-0.043***
Moverconfidence	-0.004	-0.002	-0.001***	-0.003	-0.004
CEO ProfExp × Governance	0.044***	0.011	0.040***	0.018*	0.016*
CEO ProfExp × Moverconfidence	0.014	0.006	-0.017	0.008	0.008
SIZE	0.007***	0.012***	0.007***	0.007***	0.007***
ROA	-0.281***	-0.294***	-0.290***	-0.288***	-0.289***
Tang	0.066***	0.077***	0.082***	0.082***	0.081***
Dep	0.068***	0.053***	0.048***	0.048***	0.048***
NPR	-0.023***	-0.023***	-0.023**	-0.023***	-0.023***
CEO Mage	0.004	0.009	0.003	0.002	0.003
CEO Gender	-0.006	-0.006	-0.006	-0.006	-0.006
CEO Tenure	-0.0004	-0.0003	-0.0005	-0.0004	-0.0004
CEO MBAdeg	0.006	0.011	0.008	0.007	0.007
Year	控制	控制	控制	控制	控制
Ind	控制	控制	控制	控制	控制
N（Observations）	5968	5968	5968	5968	5968
R^2	0.1816	0.1832	0.1739	0.1732	0.1707

续表

面板B: LT

职业经历测度指标	ProfExp1	ProfExp2	ProfExp3	ProfExp4	ProfExp5
模型	(1)	(2)	(3)	(4)	(5)
CEO ProfExp	0.012*	0.027***	0.009**	0.018***	0.013***
Governance	0.005	0.003	0.004	0.0002	0.001
Moverconfidence	−0.002	0.0004	0.001	0.001	−0.0003
CEO ProfExp × Governance	0.003	0.002	0.013	0.013*	0.010**
CEO ProfExp × Moverconfidence	0.014*	−0.004	−0.014*	−0.004	0.00004
SIZE	0.009***	0.006***	0.009***	0.007***	0.008***
ROA	−0.060***	−0.060***	−0.063***	−0.057***	−0.057***
Tang	0.031***	0.040***	0.037***	0.034***	0.034***
Dep	0.100***	0.089***	0.091***	0.097***	0.097***
NPR	0.007***	0.007***	0.007***	0.007***	0.007***
CEO Mage	−0.019*	−0.024***	−0.020**	−0.021**	−0.022***
CEO Gender	0.002	0.002	0.002	0.002	0.002
CEO Tenure	−0.001	−0.001	−0.001	−0.001	−0.001
CEO MBAdeg	0.0001	−0.002	0.001	−0.002	−0.001
Year	控制	控制	控制	控制	控制
Ind	控制	控制	控制	控制	控制
N (Observations)	5968	5968	5968	5968	5968
R^2	0.2480	0.2503	0.2459	0.2520	0.2511

续表

面板 C: IBD

职业经历测度指标	ProfExp1	ProfExp2	ProfExp3	ProfExp4	ProfExp5
模型	(1)	(2)	(3)	(4)	(5)
CEO ProfExp	0.044***	-0.018*	-0.001	0.018***	0.009**
Governance	-0.042***	-0.041***	-0.044***	-0.050***	-0.050***
Moverconfidence	-0.009**	-0.003	-0.004	-0.006	-0.008*
CEO ProfExp × Governance	0.036**	0.052**	0.058***	0.042***	0.038***
CEO ProfExp × Moverconfidence	0.035***	-0.004	0.003	0.008	0.012*
SIZE	0.023***	0.022***	0.022***	0.019***	0.019***
ROA	-0.350***	-0.362***	-0.362***	-0.352***	-0.353***
Tang	0.130***	0.152***	0.153***	0.148***	0.147***
Dep	0.195***	0.165***	0.163***	0.172***	0.172***
NPR	-0.014***	-0.014***	-0.014***	-0.014***	-0.014***
CEO Mage	-0.009	-0.011	-0.013	-0.015	-0.015
CEO Gender	0.0001	-0.0001	0.001	-0.0002	-0.0001
CEO Tenure	-0.001	-0.001	-0.001	-0.001	-0.001
CEO MBAdeg	0.012	0.014	0.015	0.010	0.012
Year	控制	控制	控制	控制	控制
Ind	控制	控制	控制	控制	控制
N (Observations)	5968	5968	5968	5968	5968
R^2	0.2694	0.2592	0.2595	0.2633	0.2628

类似地，控制 CEO 职业困境经历与管理层过度自信交乘项后，全部交乘项的回归系数均不显著。没有证据支持管理层过度自信对经历过现金流危机、经历过融资约束特强和经历过股票收益特低的 CEO 有约束或者推动作用。

从控制变量的回归结果中可以看出，公司治理结构越差、公司规模越大、盈利能力越差、有形资产越多、非债务税盾越高、私企公司短期负债率水平更高，而并没有证据支持管理层过度自信对降低公司短期借款比率有显著影响。

②长期借款比率：

从表 6-9 面板 B 回归结果中可知，CEO 的 5 个职业经历变量与公司长期负债比率均呈显著的正相关。这一结果表明：经历过现金流危机、融资约束特强和股票收益特低的 CEO 所在公司持有更高的长期借款比率。

控制 CEO 职业困境经历与公司治理交乘项后，只有 2 个复合指数的交乘项回归系数是正的显著相关，而其余 3 个交乘项回归系数均不显著。公司治理对以上职业经历约束的综合效应是有限地提高长期借款比率，以预防为主，对防范风险有积极推动作用。

类似地，控制 CEO 职业困境经历与管理层过度自信交乘项（$ProfExp \times Moverconfidence$）后，$ProfExp$1（现金流危机）和 $ProfExp$3（股票收益特低）的 CEO 交乘项回归系数是显著的，前者系数为正，后者为负，其余交乘项回归系数均为不显著。说明在管理层过度自信约束下，经历过现金流危机 CEO 所在公司长期借款比率较高，而经历过股票收益特低的 CEO 所在公司长期借款比率较低。

在控制变量的回归结果中可以看出，公司治理结构越差、公司规模越大、盈利能力越差、有形资产越多、非债务税盾越高、私企和管理层自信心不足的公司长期借款比率水平更高。

③有息负债比率：

从表 6-9 面板 C 的回归结果可以看出，3 个职业经历和 2 个复合指数与公司长期负债率水平的回归系数中，只有经历过股票收益特低不显著，其余均显著。从回归结果明显可以看出：经历过现金流危机的 CEO 偏好持有较高有息负债比率，而经历过融资约束特强 CEO 偏向持有较低有息负债比率，但实证结果并不能说明经历过股票收益特低的 CEO 偏向持有较低有息负债比率。

控制 CEO 职业困境经历与公司治理交乘项（ProfExp × Governance）后，所有交乘项的回归系数均是显著的正相关。说明经历过现金流危机、融资约束特强和股票收益特低的 CEO 所在的公司治理对管理者职业经历正向作用有所增强。

类似地，控制 CEO 困境职业经历与管理层过度自信交乘项（ProfExp × Moverconfidence）后，只有经历过现金流危机和复合指数 2 的 CEO 交乘项的回归系数显著为正，其余交乘项的回归系数均为不显著。说明经历过现金流危机的 CEO 所在的公司管理层过度自信对管理者职业经历正向作用有所增强，管理层过度自信的公司偏向持有较高有息负债比率。

在控制变量的回归结果中，与第 4 章控制变量回归结果基本一致，即公司治理结构越差、公司规模越大、盈利能力越差、有形资产越多（强调经历过现金流危机有形资产回归系数不显著）、债务税盾越高、国企的公司有息负债比率水平更高。注意管理层过度自信回归系数只有经历过现金流危机和复合指数 2 是显著为负的。

由表 6-9 可知，CEO 其他个人特征（年龄、性别、任期和 MBA 学历）的回归系数均不显著，说明 CEO 这些个人特征对公司短期借款比率、长期借款比率和有息负债比率没有显著影响。

6.3.3　CFO 管理者职业经历与公司资本结构

表 6-10 面板 A 仅仅考虑 CFO 早期职业经历如何影响公司现金持有水平；而面板 B 考虑同一家公司 CEO 和 CFO 数据建模，检验 CFO 在 CEO 约束下是否有显著差异。需将 CEO 和 CFO 数据合并再建立回归模型，具体结果见表 6-10 面板 B。

表 6-10 CFO 职业经历与公司资本结构

面板 A：仅考虑 CFO 早期职业经历与公司资本结构

职业经历测度指标	ProfExp1	ProfExp2	ProfExp3	ProfExp4	ProfExp5
模型	(1)	(2)	(3)	(4)	(5)
CFO ProfExp	0.027**	0.023	0.007	0.029**	0.017**
Governance	-0.083***	-0.087***	-0.085***	-0.092***	-0.091***
Moverconfidence	-0.034***	-0.032***	-0.031***	-0.032***	-0.033***
CFO ProfExp × Governance	0.006	0.063	0.029	0.037	0.028
CFO ProfExp × Moverconfidence	0.015	0.015	-0.004	0.0003	0.007
SIZE	0.037***	0.032***	0.036***	0.034***	0.034***
ROA	-0.065	-0.064	-0.070	-0.058	-0.060
Tang	0.357***	0.371***	0.371***	0.364***	0.362***
Dep	-0.190***	-0.207***	-0.208***	-0.197***	-0.196***
NPR	0.008	0.008	0.009	0.009	0.008
CFO Mage	-0.039	-0.041*	-0.039	-0.041*	-0.042*
CFO Gender	0.004	0.004	0.005	0.005	0.004
CFO Tenure	-0.004**	-0.005**	-0.005*	-0.005*	-0.005**
CFO MBAdeg	0.018	0.016	0.019*	0.017	0.016

114

续表

面板A：仅考虑CFO早期职业经历与公司资本结构

职业经历测度指标	ProfExp1	ProfExp2	ProfExp3	ProfExp4	ProfExp5
模型	(1)	(2)	(3)	(4)	(5)
Year	控制	控制	控制	控制	控制
Ind	控制	控制	控制	控制	控制
N (Observations)	6266	6266	6266	6266	6266
R^2	0.2011	0.2017	0.2000	0.2027	0.2020

面板B：CEO约束下CFO职业经历与公司资本结构

职业经历测度指标	ProfExp1	ProfExp2	ProfExp3	ProfExp4	ProfExp5
模型	(1)	(2)	(3)	(4)	(5)
CFO ProfExp	0.020	0.025	0.001	0.012	0.011
CEO ProfExp	0.002	−0.011	−0.002	0.011	0.001
Governance	−0.134***	−0.139***	−0.136***	−0.150***	−0.148***
Moverconfidence	−0.028***	−0.025***	−0.026***	−0.027***	−0.028***
CFO ProfExp × Governance	0.044	0.100**	0.060*	0.076*	0.060**
CFO ProfExp × Moverconfidence	0.021	0.009	0.008	0.006	0.009
SIZE	0.037***	0.035***	0.039***	0.035***	0.036***

续表

面板B：CEO约束下CFO职业经历与公司资本结构

职业经历测度指标	ProfExp1	ProfExp2	ProfExp3	ProfExp4	ProfExp5
模型	(1)	(2)	(3)	(4)	(5)
ROA	0.040	0.124	0.119	0.130	0.129
Tang	0.341***	0.354***	0.355***	0.348***	0.345***
Dep	-0.177***	-0.192***	-0.195***	-0.184***	-0.182***
NPR	-0.013**	-0.013**	-0.012**	-0.012*	-0.012*
CEO Mage	0.051	0.046	0.048	0.047	0.048
CEO Gender	-0.006	-0.009	-0.007	-0.008	-0.008
CEO Tenure	0.001	0.001	0.001	0.001	0.001
CEO MBAdeg	0.023	0.020	0.026*	0.018	0.022
CFO Mage	-0.057**	-0.058**	-0.056**	-0.059**	-0.060**
CFO Gender	-0.003	-0.004	0.003	-0.003	0.003
CFO Tenure	-0.007***	-0.008**	-0.007***	-0.007***	-0.007***
CFO MBAdeg	-0.001	-0.004	-0.003	-0.002	-0.005
Year	控制	控制	控制	控制	控制
Ind	控制	控制	控制	控制	控制
N (Observations)	5051	5051	5051	5051	5051
R^2	0.1743	0.1753	0.1733	0.1770	0.1764

1. 没有 CEO 约束下 CFO 职业经历与公司资本结构

从表 6-10 所到回归结果中容易发现，面板 A 中 $ProfExp1$（现金流危机）、$ProfExp4$（复合指数 1）和 $ProfExp5$（复合指数 2）与公司总负债率水平呈显著的正相关；$ProfExp2$（融资约束特强）和 $ProfExp3$（股票收益特低）虽与公司总负债率水平回归系数为正但不显著。同 CEO 一样，经历过现金流危机的 CFO 偏好持有较高总负债率。

控制 CEO 职业困境经历与公司治理、CFO 职业困境经历与管理层过度自信交乘项后，交乘项回归系数均不显著。说明公司治理与管理层过度自信对 CFO 职业经历影响总负债率起到一定的约束作用。

在控制变量的回归结果中：管理层面上，同 CEO 样本结果，即公司治理结构越差、公司规模越大、盈利能力越差（不显著）、有形资产越多、非债务税盾越低、国企（不显著）和管理层自信心不足的公司总负债率更高；CFO 个人特征上，只有 CFO 任期与总负债率回归系数是显著的，即 CFO 任期越短，公司总负债率越高。

2. CEO 约束下 CFO 职业经历与公司资本结构

从表 6-10 面板 B 回归结果中容易发现，CEO 和 CFO 职业经历与总负债率回归系数均不显著。

控制 CEO 职业困境经历与公司治理、CFO 职业困境经历与管理层过度自信交乘项后，由表 6-10 面板 B 可知，经历过融资约束特强和股票收益特低的 CFO，其所在公司治理结构越完善，总负债率越高，即完善的公司治理结构对其总负债率具有正向作用。

在控制变量的回归结果中：公司层面上，表 6-10 面板 B 除了企业性质对总负债率影响不同，其余均大体一致，即公司治理结构越差、公司规模越大、盈利能力越差（不显著）、有形资产越多、债务税盾越低、私企和管理层自信心不足的公司总负债率更高；CFO 个人特征上，只有 CFO 年龄和任期与总负债率的回归系数是显著的,即 CFO 年龄越小,任期越短,公司总负债率越高。

6.4 实证结果

综上,本章选取 2006—2013 年上市公司为样本,基于我国特定的制度背景,从管理者职业困境经历视角,研究公司融资决策,这里融资决策主要是指公司资本结构。实证结果发现,经历过现金流危机的管理者(CEO 和 CFO)偏好持有更高的总负债率;经历过股票收益特低和融资约束特强的管理者(CEO)所在公司依然处于较低的短期负债率水平;经历过现金流危机、融资约束特强和股票收益特低的 CEO 偏好持有更高的长期负债率水平。

资本结构三个主要构成成分——短期借款比率、长期借款比率和有息负债比率实证结果:经历过现金流危机的 CEO 偏好持有较高的短期借款比率、长期借款比率和有息负债比率;经历过融资约束特强的 CEO 偏向较低的短期借款比率和有息负债比率、较高的长期借款比率;经历过股票收益特低的 CEO 偏好较高的较长期借款比率,但没有证据支持经历过股票收益特低的 CEO 所在公司短期借款比率也较低、经历过股票收益特低 CEO 偏向持有较低有息负债比率。

在公司治理约束下,经历过现金流危机的 CEO 所在公司治理结构越完善,有息负债比率越高;经历过融资约束特强的 CEO 所在公司治理结构越完善,总负债率、短期负债率、长期负债率、短期借款比率和有息借款比率越高;经历过股票收益特低的 CEO 所在公司治理结构越完善,总负债率和有息负债比率越高。

在管理层过度自信约束下,经历过现金流危机的 CEO 所在公司如果管理者过度自信,则其长期负债率、长期借款比率较高;经历过融资约束特强的 CEO 所在公司如果管理层过度自信,则其总负债率和短期负债率较高;经历过股票收益特低的 CEO 所在公司如果管理层过度自信,则其长期借款比率较低;但没有证据支持管理层过度自信对经历过现金流危机、经历过融资约束特强和经历过股票收益特低的 CEO 有约束或者推动作用。

从公司层面控制变量的回归结果可以看出,公司规模越大、有形资产越多,公司总负债率、短长期负债率、短长期借款比率和有息负债比率越高。另外,公司治理、盈利能力、非债务税盾、产权性质和管理层过度自信对不同期限债务比率影响有差异。

管理者层面上,经历过股票收益特低的具有 MBA 学历 CEO、CFO 任期越短、CEO 约束下 CFO 年龄越小,偏向持有较高的总负债率。

在 CEO 约束下,经历过融资约束特强和股票收益特低的 CFO,其所在公司治理结构越完善总负债率越高,即完善的公司治理结构对其总负债率具有正向作用。

6.5 本章小结

本章采用 2006—2013 年我国剔除金融保险业上市公司截面数据,共采集样本 1922 家上市公司、2478 名 CEO 和 2613 名 CFO(其中 CEO 兼 CFO 管理者 19 位),共 12818 个观测值;在控制公司特征、公司治理、管理者职业经历以及管理者个人特征等相关变量下,研究经历过现金流危机、融资约束特强和股票收益特低的管理者(CEO 和 CFO)对总负债率、短长期负债率、短长期借款比率和有息负债比率的影响,并充分考虑公司治理和管理层过度自信对管理者职业经历影响资本结构的约束效应,实证发现管理者职业经历对资本结构影响显著。

本研究存在的不足与展望如下:

①还可以考虑职业经历(货币政策感受指数)。银行业当期和预期景气指数均指银行家对本行业经营状况的判断。指数区间为

0~100%，50%为临界点，高于50%意味正向扩张，低于50%意味负向收缩，指数数值越高表明银行经营状况越好。如果当年至少有一个季度货币政策感受指数为50%以下，则职业经历（货币政策感受指数）为1，否则为0。

②没有考虑短期借款、长期借款、有息负债、贸易应付款和资本公积这五个资本结构的构成成分中的贸易应付款和资本公积。可将这两个构成成分作为被解释变量，进一步考察管理者职业经历对贸易应付款和资本公积的影响。

③没有考虑变更时间因素。可进一步考察管理者职业经历变更的时间窗口长度与变更次数对于公司资本结构的影响。

④可从决策效率这一视角，检验有职业困境经历的管理者的资本结构决策是否更优。

第 7 章　管理者胜任力识别与公司资本结构决策：一项行为金融实验

本章主要目的是探讨高管"胜任力相貌"和真实胜任力之间的关系，脸部特征感知是否与高管头衔有任何可能的关系，同时检验"胜任力工资溢价"和"美丽溢价"现象，探讨管理者面部特征感知与公司资本结构是否有一定的关系。因此在实验获取数据基础上，对基于面部特征的胜任力感知与资本结构关系等进行分析。以我国 A 股市场上市公司高管为研究对象，结合我国具体实际，采用准实验科学方式，问卷与实验相结合，控制性别、民族、企业产权性质、高管类型且年纪相仿，进行配对，让 2000 多名受试者评判公司高管面部特征感知，探究脸部特征感知是否与高管头衔有任何可能的关系，"胜任力相貌"与真实胜任力是否一致，同时检验是否存在"胜任力工资溢价"和"美丽溢价"现象，是否与公司资本结构有一定的关联，给投资者提供一定程度的参考。

7.1　引言

企业要发展，引进和选拔培养企业管理者对提高企业的竞争力非常重要。从中国企业家调查系统调查结果来看，企业高层管理人员产生的方式主要来自"董事会聘任"和"上级或行业主管机构任命"。随着改革的深入，我国高级经理人市场逐步建立，企业高管的选拔渠道不断拓宽，人才选拔方式也在不断改进，如在人才招聘过程中采用心理测验和履历分析，以及借助人岗匹配模型、能力模型、胜任力模型分析等。然而这些方法和技术多用于企业中层管理或技术人才的选拔测评，在企业高层管理人员如总经理的任用上，主要还是凭借考官的主观判断加上学历和资历等硬性条件，考评的依据一般就是候选人的过往业绩和经历。本章试图另辟蹊径，从高管（本章以董事长和总经理为研究对象）的面部特征感知入手，分析高管的面部特征感知与胜任力的关系，探究其内在关联，为我国企业高管、公务员乃至党政干部的培养与选拔提供一些有益的理论和实践参考。本章以我国A股市场上市公司高管为研究对象，结合我国具体实际，采用准实验科学方式［赖斯和贾德（2011）[131]］，问卷与实验相结合，控制性别、民族、企业产权性质、高管类型且年纪相仿，进行配对，让2000多名受试者评判公司高管面部特征感知，探究脸部特征感知是否与高管头衔有任何可能的关系，"胜任力相貌"与真实胜任力是否一致，同时检验是否存在"胜任力工资溢价"和"美丽溢价"现象，是否与公司资本结构有一定的关联，给投资者提供一定程度的参考。

本章的余文结构如下：第二部分为理论分析，第三部分为实验设计与实证研究，第四部分为实验结果分析，第五部分为管理者胜任力识别与公司资本结构之间的关系研究，第六部分为稳健性检验，第七部分为实验结论，最后是本章小结。

7.2 理论分析

达尔文指出："面孔是人类祖先相互交流的重要工具"［Darwin著，周立邦译，(1958)[132]］。在人们相互交往过程中，首先感知的是彼此的相貌。容貌是人们的天然名片，是吸引他人注意的一个极其重要的因素，也是人与人之间相互了解的最初的媒介和起点。俗话说"相由心生"，一个人的内心世界的活动会通过其面部特征呈现出来，人们也可以通过对他人面部特征的观察而了解其脾气秉性、人格特质。我国早在《左传》中就有相士的记载，隋唐时期的相士袁天罡的相术更是神奇的准确。相士一般从人的面相、眼神、骨相、声音、步态等特征判断其祸福吉凶，具有迷信色彩，但也有相当一部分相士是从人的上述特征判断其秉性特质和能力的，如曾国藩相面孙铭传之事就广为流传。古代西方人也认为人的面部特征与其思想品行密切相关，不同的相貌特征反映不同的性格。现代西方学者依据心理学、行为科学和解剖学原理进行分析，认为人的心理、行为及经历等都会影响其面部表情的形成，并且人的面部表情也会反映其性格和人格。这类文献可见于日益增多的研究领域。如一些值得注意的政治科学文献研究表明，受试者仅仅通过观察候选人的脸几秒钟可以准确确定国会选举获胜者，这方面文献颇为丰富[例如，Martin（1978）[133]，Lawson 和 Lenz（2007）[134]，Ballew 和 Todorov（2007）[135]，Hall 等（2009）[136]，等等]。特别注意的是，在经济领域，Duarte、Siegel 和 Young（2012）[137]发现给人感觉诚信度更低的借款人可能更不愿意满足贷款人的要求，这个结果给"信任"在金融发展和投资决策中发挥因果作用提供一定的支持，这或许也适用于股票市场。Pareek 和 Zuckerman（2013）[138]控制过去业绩情况下，发现照片上看起来更具有诚信的对冲基金管理者能够吸引更多资金流，艰难环境下也更容易生存下来。这一现象归因于投资者对于看起来更值得信任的基金管理者具有偏见。

特质推理形成印象的核心部分，是观察者从他人行为推论其人格特质的过程[朱新秤和焦书兰（1998）[139]]。由面孔推理他人心理状态和人格的想法和研究由来已久，可以追溯到古希腊、古罗马和古中国[McNeill（1998）[140]]。以往研究的特质推理多以他人行为作为研究对象，但近几年也有大量研究使用面孔图片作为实验材料，探究面孔与人格特质间的关系。Keating（1985）[141]的研究证实看起来成熟的男性更加具有支配欲和吸引力，而拥有那些让男性看上去更有支配欲的面部特征的女性却更缺乏吸引力。Rhodes、Hickford 和 Jeffery（2000）[142]研究发现女性化特征的面容更具有吸引力。Zebrowitz 和 Montepare（2005）[143]以及 Fink、Neave、Manning 和 Grammer（2006）[144]证实高度对称的脸型更具有吸引力，更善于交际，更聪明活泼也更自信。

心理学文献中的一个分支试图评价为什么外貌影响直觉印象，生态学方法是否可能有助于解释面部特征与特定的个性印象之间的关系。Berry 和 McArthur（1985）[145]发现从物理测度上，大而圆的眼睛、高挑眉毛以及小下巴属于娃娃脸外貌。娃娃脸特征与天真、真诚、善良和热情等印象成正相关关系。这暗示娃娃脸的人们被认为更具有诚信，但胜任力稍欠缺。Zebrowitz、Tenenbaum 和 Goldstein（1991）[146]曾经探讨这些"娃娃脸"特征对于人们如何反映他人的印象，他们的基本假设是：我们往往会感觉具有娃娃脸特征的人在性格上比脸孔成熟的人更孩子气。现在有许多证据支持此项主张［Zebrowitz、Olson 和 Hoffman（1993）[147]，Zebrowitz 和 Montepare（1992）[148]］，拥有娃娃脸的成年人被认为比同年龄而脸孔成熟的人更温暖、更亲切、更有感情、更诚实。娃娃脸的成年人也被认为身体比较羸弱、比较纯真、比较容易被骗，也比较顺从。周密的研究显示，娃娃脸效应与外表吸引力无关［Zebrowitz 和 Montepare（1992）[148]］。Poutvaara、Jordahl 和 Berggren（2009）[149]证实娃娃脸的人在政治上更不具有竞争力。这说明一个人的容貌在社会生活中起着十分重大的作用，人们在不了解他的真实能力时，只能依据他的外貌进行评判。Trichas 和 Schyns（2011）[150]的研究证明面部表情显著影响领导力感知。

经济研究领域有一个挑战性主题即"美丽溢价"问题，Hamermesh 和 Biddle（1994）[151]以及 Mobius 和 Rosenblat（2006）[152]等研究发现工人工资与其外貌有一定相关性，外貌较好的工人工资一般比外貌看起来中等偏下者更高。Biddle 和 Hamermesh（1998）[153]发现同一个法学院毕业的律师当中面容姣好者收入明显高于其他人。Mobius 和 Rosenblat（2006）[152]发现"美丽溢价"的三种可以识别传导渠道：①更具有吸引力的工人更有信心，而更高的信心可以增加工资；②在给定的置信水平下，更具有吸引力的工人会被雇主（错误地）认为是更有能力的；③控制了员工的信心，更具有吸引力的工人口头表达能力更强，更善于沟通和社交等，当他们与雇主交流时，能提高他们的工资。Ravina（2008）[154]研究发现外貌较好的借款人比外貌较差者更可能获得贷款，相同信用水平上，前者比后者能少支付81个基点；黑人借款人比白人借款人平均多支付139到146个基点。Ahn和Hoonlee（2014）[155]发现容貌吸引力较大的女性高尔夫球手技术低于一般水平，但奖金高于吸引力一般的女性高尔夫球手。这些结果表明，基于面部特征的感觉是很重要的。然而，在经济和公司金融领域，除了"美丽溢价"之外，关于面部特征的更广泛深入的研究相对较少。在企业里，管理者的面部特征是否与其工作相关这样的主题是非常有趣的。Rule和Ambady（2008）[156]探讨首席执行官个人特性与公司之间的关系；Graham、Harvey和Puri（2010）[157]以美国上市公司为研究对象，第一次基于网络实验研究首席执行官的面部特征给人的关于其胜任力、亲和力、吸引力、诚信感觉，以及这些特质感觉与首席执行官的业绩、薪酬之间的关系。研究发现首席执行官比非首席执行官看起来更有能力但更不亲和，而大公司首席执行官比小公司首席执行官看起来更能干也更具有亲和力。

国内鲜见关于特质推理的文献，且研究领域有限，如心理学科闫秀梅和王美芳（2010）[158]对学生自发特质推理进行实验研究。近年来，研究者已经由基于面孔预测结果的行为研究逐步扩展到神经机制的研究上［杨昭宁和侯书伟（2011）[159]］，但缺乏经济领域的文献。

西方已有少数文献基于心理学、特质推理方式等应用于经济领域，我国基于特质推理方式应用于经济领域目前还是空白。我国与西方文化有着显著的差异，作为体制不同、资本市场还不完善、股份制历史不长的国家，研究这种现象是否具有跨文化的一致性具有重要的现实意义。鉴于以上文献基础和理论分析，本章将行为金融与人力资源管理理论相结合，以我国上市公司高管（董事长和总经理）为研究对象，采用准科学实验方式，从行为金融视角针对高管面部特征感知，运用特质推理方法，结合高管薪酬、业绩以及产权性质，探究脸部特征感知是否与高管头衔有任何可能的关系，"胜任力相貌"与真实胜任力是否一致，与公司资本结构选择是否有一定的关联。

7.3 实验设计及实验研究

本章主要目的是探讨高管"胜任力相貌"和真实胜任力之间的关系，脸部特征感知是否与高管头衔有任何可能的关系，同时检验"胜任力工资溢价"和"美丽溢价"现象，探讨基于管理者面部特征感知与公司资本结构是否有一定的关系。因此在实验获取数据基础上，对面部特征感知与资本结构关系等进行分析。本节包含实验设计和实验研究两部分：①实验设计：首先获取实验所用高管和非高管照片，并进行照片配对，配对后的照片随机分配以便实验使用，包括高管与非高管配对、大小公司高管配对、高管面部特征感知评分、娃娃脸评级、美貌与能力。其次，采用基于网络的准实验设计方法进行实验，受访者受试并传递，整理实验数据获取样本数据。②实验研究：围绕本文研究目的，结合我国具体实际，进行实验研究。首先基于面部特征感知的高管识别分析；其次根据高管面部特征感知评分，结合识别分析结果对四个特征感知（胜任力、诚信、亲和力和吸引力）与公司规模和薪酬做相关分析，进一步研究美貌与胜任力相关性；再次在以上受试者评判结果分析基础上引入薪酬、业绩，进行回归分析，以研究高管真实胜任力与"胜任力感知"的关系，并分析高管脸孔成熟度感知与胜任力的关系；最后在前面实验基础上，继续探讨管理者胜任力识别与公司资本结构之间存在的可能关系。实验设计研究思路如图7-1所示。

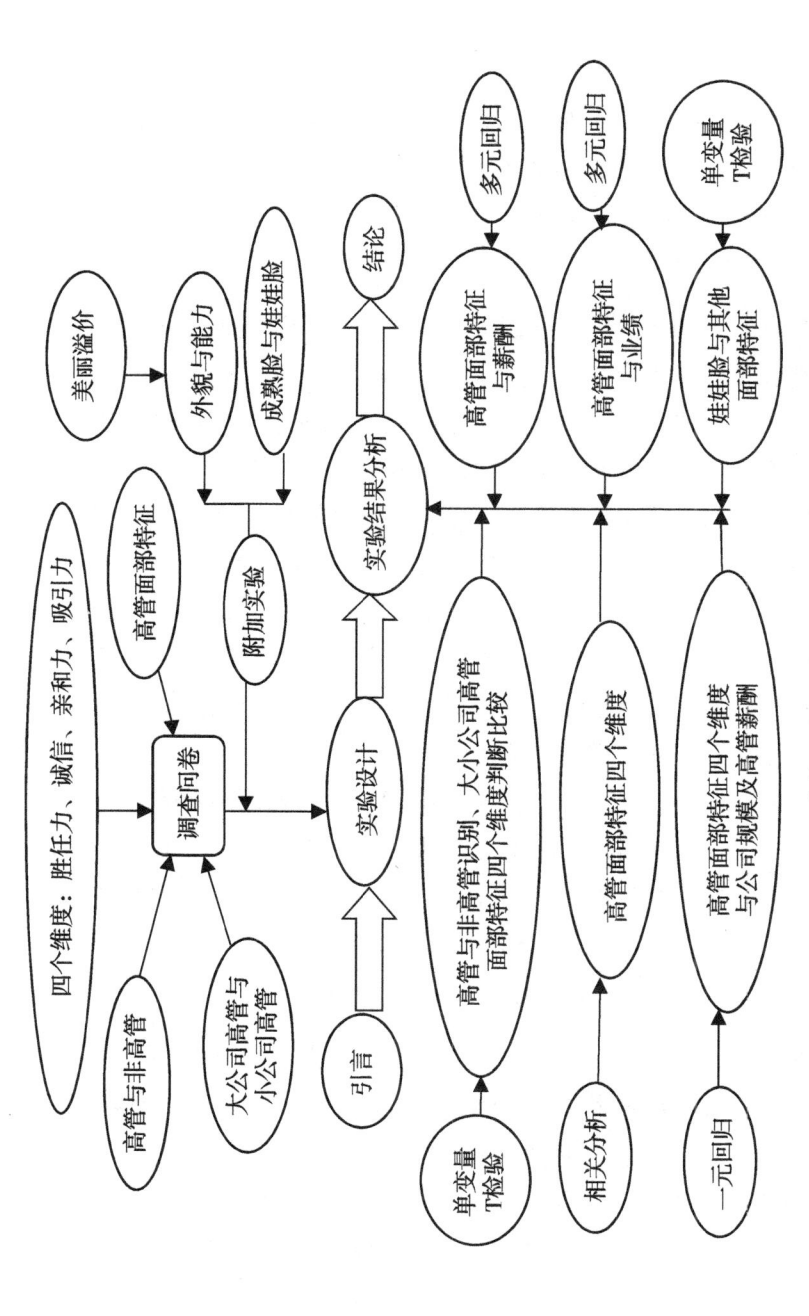

图7-1 高管"胜任力"识别实验设计研究思路

本章的具体实验设计和研究步骤细节如下文所述。

7.3.1 配对实验

在这个实验中，将高管照片与非高管照片一一配对，受试者比较两者胜任力、诚信、亲和力、吸引力四个方面。为做好这个实验，需按照以下四个步骤进行。

1. 搜集高管照片

仲继银（2009）[160]对我国上市公司进行抽样调查，得出我国首席执行官主要存在以下三种情况：①董事长兼任总经理，董事长兼总经理为首席执行官；②董事长不担任总经理但每天在公司上班，董事长和总经理为双首席执行官；③董事长不担任总经理，不是每天在公司上班，总经理为首席执行官。我国首席执行官确定比较复杂，称谓各异，再考虑照片可获得性，本章选取董事长（含执行董事长）和总经理（含总裁、执行总裁、行政总裁、首席执行官）两类高管进行实验研究，为行文方便，将高管记为"CEO"。在 Wind 数据库中获得 2012 年上市公司 CEO 数据，以剔除金融保险业外的全部 A 股上市公司为研究总体。

从各上市公司网站、百度、360 等网址并链接不同的相关网站搜集 CEO 照片，尽量采用原始、自然的当前照片，以保证所选照片是标准的。标准照包括以下几方面：照片的分辨率、商业服装、简单背景、传统姿势、照片头部大小裁剪尽量一致。

2. CEO 与非 CEO 配对实验

在这个实验中，上述 CEO 照片与一组来自其他职业的控制组照片配对。为得到控制组照片，尽量寻求着正装、类似职业姿势、地区分布较广、职业众多的非 CEO 照片，选定 48 位。这些照片与 CEO 组照片具有相同特征，如性别相同、年龄相仿、发型一致（右侧或左侧中分、秃头等）、服装一致、戴眼镜以及面部表情（如配对的两者都是微笑或者严肃）、背景是否干净、有话筒、有书柜等。基于这些特征配对，是为了防止有能力识别 CEO 的受试者过于关注面部表情特征。最后的 CEO 与非 CEO 配对中，使用了 48 位非 CEO 中的 42 位。配对中选定 81 位 CEO 与控制组配对。分成 6 组，每组 13 位或 14 位 CEO。在这个实验中，只有 42 张照片作为控制组，因此，有些控制组照片可能使用两三次，甚至有一位使用了四次，但是 81 位 CEO 的照片每张只能使用一次。受试者连续地检查评判 13 对或 14 对照片，判断在每对照片中哪位看起来更有胜任力、诚信、亲和力和吸引力。

3. 大公司 CEO 与小公司 CEO

参照工信部 2011 年 300 号文件对中小企业规模的界定，在相同行业中，根据年总营业收入排序，确定大公司与小公司。在这个实验中，搜集全部 CEO 照片，剔除像素不高的、模糊的、衣着不标准等照片，剩下 1682 家上市公司，以最大营业收入的前 232 家上市公司作为大公司，营业收入排名 233~1682 的作为小公司，与大公司照片配对规则同 CEO 与非 CEO 配对实验规则。在控制 CEO 类型、行业、性别、职位（同时考虑董事长和总经理是否两职合一）基础上，大公司组最大的公司与小公司最大的公司配对，尽可能使两者在规模上差距相似，且年纪相仿。按这种方式找到 66 对配对照片（即 132 位 CEO），分成 6 组，每组 11 位。受试者连续地检查评判 11 对照片，找出每对照片中哪位看起来更有胜任力、吸引力、诚信以及亲和力。

4. 设计与发送问卷

以上两类实验设计 6 组，其中 6 组问卷中每组有两个实验（目的是尽可能减少配对数量，尽可能减少受试者视觉疲劳，提高实验的精确度）：第一个实验关于 CEO 与非 CEO 配对识别，第二个实验是大小公司 CEO 配对识别，每组 24 对或者 25 对随机发放。问卷采取网上在线填写、做完提交方式，通过学生、朋友、亲戚、同事、同学等传递填写，受试者年龄跨度、职业范围、地域、性别、阅历等广度尽量具有客观性和代表性。每位受试者随机分配一组，每位被访者评价所评价对象的一对哪位看起来更具有胜任力、诚信、亲和力和吸引力，在 CEO 与非 CEO 配对实验中要识别哪一位是 CEO。做这项实验不限定时间。共搜集 CEO 与非 CEO 配对实验 1140 份问卷、大公司和小公司 CEO 配对实验 1208 份问卷。实验设计见表 7-1。

7.3.2 基于四个维度的高管面部特征评分

在这个实验中，对 CEO 四个特征采取五等级法进行评价。在两个配对实验中有 195 位（前面两个实验使用的 213 位 CEO 中，有 19 位 CEO 照片在两个实验中均使用过，再去掉因分辨率影响评分的 18 位），分成 6 组，每组 32 或者 33 位 CEO，每位被试者随机发放一组，CEO 照片随机分配。这步对 195 位 CEO 的四方面特征进行五等级法评分。通过 QQ 及 QQ 群、Email、微信等网络传递链接地址，传递给已毕业者、在校生、同事、亲戚、朋友，受试者是来自政府部门、事业单位、企业等不同职业及本科以上的学生，分布在江西、江苏、浙江、新疆、北京、福建、湖北、浙江、内蒙古、广东、上海、海外等区域，年龄跨度大，尽量扩大受试者年龄、职业、地域等方面的范围，样本代表性比较好，共产生 737 位被试者。

7.3.3 娃娃脸评级

为检验成熟脸与娃娃脸胜任力是否与人们所感知的"娃娃脸特征胜任力差些"观点一致，进行一项附加实验"娃娃脸评级"：在 CEO 面部特征评分实验基础上增加选项"娃娃脸特征"（成熟度），与他们是否是"娃娃脸"进行 5 分法评分。按与前述实验相同方式搜集相应的照片，设计 6 个问卷，检验娃娃脸（成熟脸）与其他特征的相关关系。这项实验搜集问卷 87 份，2837 个观测。另外单独设计 6 个问卷，评判 CEO 与非 CEO、大公司 CEO 与小公司 CEO 哪个更具有娃娃脸特征，搜集问卷 61 份，其中 CEO 与非 CEO 评判，有 829 个观测；大公司与小公司 CEO 评判，有 671 个观测。43.67%（1% 显著性水平下）受试者认为 CEO 比非 CEO 更不具有娃娃脸特征，49.93%（1% 显著性水平下显著）认为大公司 CEO 比小公司 CEO 更不具有娃娃脸特征。发现娃娃脸个体表现胜任力差些，但更具有诚信，他们也更具有亲和力、吸引力，而且是显著的。

表7-1 实验设计

	实验一	实验二	实验三	实验四	实验五	实验六	实验七
实验内容	高管与非高管配对：81对	大小公司高管配对：66对	高管面部特征评分：195位	美貌与胜任力：195位	娃娃脸评级：195位	娃娃脸与成熟脸 高管与非高管配对，哪位更具娃娃脸：81对	大小公司高管配对，哪位更具娃娃脸：66对
问卷项数	6组(14位3组，13位3组)	6组（每组11位）	6组(32位3组，33位3组)	6组(32位3组，33位3组)	6组(32位3组，33位3组)	6组(14位3组，13位3组)	6组（每组11位）
	两类实验合为一项：前半部分是实验一，后半部分是实验二					两类实验合为一项：前半部分是实验一，后半部分是实验二	

7.3.4 样本及变量定义

1. 样本和数据

本章取自 Wind 数据库中我国 2012 年剔除金融保险业后的沪深两市上市公司，选取公司董事长（含执行董事长）和总经理（含总裁、执行总裁、行政总裁、首席执行官）两类高管，按照文中第三部分"实验设计"方法搜集高管标准照，共搜集 2032 家上市公司 2869 位高管照片，并进行以下两类配对实验，得到相应样本：①高管与非高管配对实验，得到 81 对高管与非高管照片，即 81 位高管；②大小公司高管配对实验，得到 66 对即 132 位高管。两类实验共得到 213 位高管，剔除因分辨率低影响评分的 18 位高管照片，得到 195 位高管。凡是涉及基于高管面部特征感知的"胜任力、诚信、亲和力、吸引力、美貌、娃娃脸和成熟脸"评分，均采用这 195 位高管作为样本。建模过程再剔除高管所在公司控制变量数据缺失样本。本章涉及其他数据来自锐思和国泰安研究数据库。本章研究样本分布结构如表 7-2 所示，研究样本管理者是否持股分布结构如表 7-3 所示。

2. 变量定义

变量定义如表 7-4a 和表 7-4b 所示。

（1）被解释变量之一——高管薪酬（CEOPay）

该变量为消除通胀影响因素后高管年度薪酬的自然对数。高管薪酬主要包括货币薪酬和股权激励两部分（因高管期权数据缺失，高管薪酬暂不考虑期权激励部分）。我国股权激励计划实施较晚，持股比例低、零持股现象较为普遍［李增泉（2000）[161]，魏刚（2000）[162]］，且据公开数据也很难识别股权是自购还是奖励［方军雄（2009）[163]、（2012）[164]］，借鉴现有文献做法［陈震（2006）[165]，卢锐（2007）[166]，辛清泉、林斌和王彦超（2007）[167]，王克敏和王志超（2007）[168]，方军雄（2009）[163]、（2012）[164]等，辛清泉和谭伟强（2009）[169]］，高管薪酬仅考察货币薪酬。但在控制变量中充分考虑高管持股情况。

表7-2 研究样本有无照片公司与高管分布结构一览

面板A：全级样本

公司家数	总体		企业性质						规模			
			国企		私企		大规模		小规模	
	家数	两职合一	家数	两职合一	家数	两职合一	家数	两职合一	家数	两职合一
总体	2429	2409	980	963	1449	1446	268	265	2161	2144
无照片	1070	394	474	160	596	234	81	15	989	379
有照片	2032	1342	817	492	1215	850	253	184	1779	1158

高管人数	总体		企业性质						规模			
			国企		私企		大规模		小规模	
	人数	两职合一	人数	两职合一	人数	两职合一	人数	两职合一	人数	两职合一
总体人数	4244	594	1847	96	2397	498	502	31	3742	563
无照片人数	1382	82	619	15	763	57	96	0	1286	82
有照片人数	2869	505	1231	78	1638	427	406	31	2463	474

续表

面板 B：搜集到并进行配对的照片样本

	总体		企业性质					规模			
			国企		私企		大规模		小规模	
	家数	两职合一	家数	两职合一	家数	两职合一	家数	两职合一	家数	两职合一
公司家数	2032	1342	817	492	1215	850	253	184	1779	1158
高管人数	2869	505	1231	78	1638	427	406	31	2463	474

面板 C：195 位高管样本

	总体		企业性质					规模			
			国企		私企		大规模		小规模	
	家数	两职合一	家数	两职合一	家数	两职合一	家数	两职合一	家数	两职合一
公司家数	182	13	109	12	73	1	77	10	105	3
高管人数	195	0	121	0	74	0	87	0	108	0

表7-3 研究样本管理者是否持股分布结构一览（剔除金融保险业）

面板A：全级样本

公司家数	总体		企业性质						规模			
			国企		私企		大规模		小规模	
	家数	重复	家数	重复	家数	重复	家数	重复	家数	重复
总体	2429	2409	980	963	1449	1446	268	265	2161	2144
无股权	1947	1690	884	751	1063	939	220	190	1727	1500
有股权	721	480	213	95	508	385	76	47	645	433

高管人数	总体		企业性质						规模			
			国企		私企		大规模		小规模	
	人数	重复	人数	重复	人数	重复	人数	重复	人数	重复
总体人数	4244	594	1847	96	2397	498	502	31	3742	563
无股权	3248	389	1561	74	1687	315	390	20	2858	369
有股权	996	205	286	22	710	183	112	11	884	194

第7章 管理者胜任力识别与公司资本结构决策：一项行为金融实验

续表

面板B：搜集到并进行配对的照片样本

公司家数	总体		企业性质				规模			
			国企		私企		大规模		小规模	
	家数	重复	家数	重复	家数	重复	家数	重复	家数	重复
总数	2033	1343	817	492	1215	850	253	184	1779	1158
无股权	1515	871	700	361	815	510	198	121	1317	750
有股权	637	353	185	63	452	290	75	43	562	310

高管人数	总体		企业性质				规模			
			国企		私企		大规模		小规模	
	人数	重复	人数	重复	人数	重复	人数	重复	人数	重复
总体人数	2869	505	1231	78	1638	427	406	31	2463	474
无股权	2072	314	1002	59	1070	255	299	20	1773	294
有股权	799	191	229	19	570	172	107	11	692	180

续表

面板 C：195 位高管样本

公司家数	总体 家数	总体 重复	企业性质 国企 家数	企业性质 国企 重复	企业性质 私企 家数	企业性质 私企 重复	规模 大规模 家数	规模 大规模 重复	规模 小规模 家数	规模 小规模 重复
总体	182	12	109	10	73	1	77	10	105	3
无股权	139	8	91	7	48	1	59	6	80	2
有股权	46	2	21	2	25	0	20	2	26	0

高管人数	总体 人数	总体 重复	企业性质 国企 人数	企业性质 国企 重复	企业性质 私企 人数	企业性质 私企 重复	规模 大规模 人数	规模 大规模 重复	规模 小规模 人数	规模 小规模 重复
总体人数	195	0	121	0	74	0	87	0	108	0
无股权	147	0	98	0	49	0	65	0	82	0
有股权	48	0	23	0	25	0	22	0	26	0

表 7-4a 变量及描述

变量（变量名）		变量描述及公式
被解释变量	模型1：薪酬（CEOPay） / 模型2：业绩（Performance）	薪酬：消除通胀因素影响后的高管年度薪酬的自然对数 用 ROA 度量公司业绩，并用 Tobin's Q 和 ROE 进行稳健性检验
解释变量	胜任力（Competent） 诚信（Trustworthy） 亲和力（Likable） 吸引力（Attractive）	按照五等级法分 1~5 级进行评分，1 表示不具有……5 表示非常具有
控制变量	前任高管离职前一年薪酬（PriorCEOpay） / 前任高管离职前一年业绩（PriorCEOperf）	如果没有前任，用均值替代。均消除通胀因素
	公司规模（SIZE）	总营业收入消除通胀因素后的自然对数，稳健性检验规模用消除通胀因素后的总资产自然对数
	公司治理变量（Governance）	从激励机制和监督机制两方面选取相应变量，进行因子分析，综合得分作为公司治理结构度量指标
	财务杠杆（Lev）	负债总额/账面总资产
	高管是否持股（Stockownership）	若 2012 年末高管持有股份则取值为 1，反之则为 0
	产权性质（NPR）	国有企业为 1，非国有企业为 0
	行业（Ind）	锐思数据库行业分类

借鉴现有文献 [Shen、Richard 和 Henry（2009）[170]，Wang（2010）[171]，方军雄（2009）[163]、（2011）[172]、（2012）[164]]，提出本章的控制变量：公司规模 SIZE（总营业收入消除通胀因素后的自然对数）；财务杠杆 Lev [（短期借款＋长期负债）/资产]；产权性质 NPR（国有企业取 1，否则取 0）；高管是否持股 Stockownership（若 2012 年末高管持股则取 1，否则取 0）；同时控制行业与前任高管离职前一年薪酬 PriorCEOpay（前任高管任期结束年前一年薪酬，如

果没有前任，用均值替代）；公司治理变量 *Governance* 借鉴白重恩等（2005）[109]、张会丽和陆正飞（2012）[110] 以及方红星和金玉娜（2013）[111] 的研究方法，广泛考察反映我国公司治理水平的各种因素，分别从激励机制和监督机制两方面选取相应变量，进行因子分析，综合得分作为公司治理结构度量指标。监督机制变量选取：第一大股东持股比例、第二至第五大股东持股比例之和、独立董事比例、董事长与总经理是否兼任（兼任为1，非兼任为0）、董事会规模、监事会规模、董事会会议次数。激励机制变量选取：董事持股比例（董事持股数/流通股数）、监事持股比例（监事持股数/流通股数）、高级管理者持股比例（高级管理者持股数/流通股数）、领取薪酬的董事比例、领取薪酬的监事比例、前三名高管薪酬（取自然对数）。

（2）被解释变量之二——公司业绩（*Performance*）

用资产收益率 *ROA* 衡量公司业绩，并用净资产收益率 *ROE* 进行稳健性检验。*ROA* = 净利润/总资产，*ROE* = 净利润/股东权益平均余额。

控制变量：公司规模、财务杠杆、公司治理变量、高管是否持股、产权性质和行业（定义同前文）；同时控制前任高管离职前一年业绩（*PriorCEOperf*）：前任任期结束年前一年业绩，业绩定义同前文，如果没有前任，用均值替代。

（3）被解释变量之三——资本结构（*Lev*）

Lev = 总负债/总资产。

控制变量：公司治理（*Governance*）、公司规模（*SIZE*）、盈利能力（*ROA*）、行业（*Ind*）和产权性质（*NPR*）定义同前文，有形资产（*Tang*）定义为（固定资产 + 存货）/总资产，非债务税盾（*Dep*）定义为固定资产折旧/总资产；同时控制前任高管离职前一年资本结构（*PriorCEOLev*），如果没有前任，用均值替代。

（4）解释变量

对基于高管面部特征感知的四个维度"胜任力（*Competent*）、

诚信（Trustworthy）、亲和力（Likable）和吸引力（Attractive）""娃娃脸、成熟脸"和"美貌"进行量化评分：按照五等级法分 1~5 级进行评分，1 表示不具有……5 表示非常具有。

表 7-4b 变量及描述

	变量（变量名）	变量描述及公式
被解释变量	资本结构（负债率）（Lev）	总负债/总资产
解释变量	胜任力（Competent）	按照五等级法分 1~5 级进行评分，1 表示不具有……5 表示非常具有
	诚信（Trustworthy）	
	亲和力（Likable）	
	吸引力（Attractive）	
控制变量	公司治理（Governance）	从激励机制和监督机制两方面选取相应变量，进行因子分析，综合得分作为公司治理结构度量指标
	公司规模（SIZE）	总营业收入消除通胀因素后的自然对数，稳健性检验规模用消除通胀因素后的总资产自然对数
	盈利能力（ROA）	总资产收益率：净利润/总资产
	有形资产（Tang）	（固定资产+存货）/总资产
	非债务税盾（Dep）	固定资产折旧/总资产
	行业（Ind）	锐思数据库行业分类
	产权性质（NPR）	国有企业为1，非国有企业为0

3. 模型构建

本章在借鉴 Graham、Harvey 和 Puri（2010）[157]模型基础上，结合我国实际，构建以下两个基本模型。

（1）基于高管面部特征感知的四个维度与高管薪酬

$$\ln(CEOpay_i) = \beta_0 + \beta_1 Attractive_i + \beta_2 Competent_i + \beta_3 Likable_i + \beta_4 Trustworthy_i + Control_i + \varepsilon_i \quad (7-1)$$

其中，$\ln(CEOpay_i)$——2012 年第 i 位高管薪酬的自然对数，$Control_i$ 为控制变量：

$$Control_i = \beta_5 \ln(PriorCEOpay_i) + \beta_6 SIZE_i + \beta_7 Governance_i +$$
$$\beta_8 Lev_i + \beta_9 Stockownership_i + \beta_{10} NPR_i + \sum_{j=11}^{19} \beta_j Ind_i$$
(7-2)

其中，$\ln(PriorCEOpay_i)$——2012 年第 i 位高管前任任期结束年前一年薪酬（消除通货膨胀因素后），如果没有前任，用均值替代；$SIZE_i$、$Governance_i$、Lev_i——分别表示 2012 年第 i 位高管所在公司规模、公司治理、财务杠杆；$Stockownership_i$——2012 年末第 i 位高管是否持股，高管持股为 1，高管没有持股为 0；NPR_i——2012 年第 i 位高管所在公司产权性质，国有上市公司为 1，民营上市公司为 0；Ind_i——2012 年第 i 位高管所在公司所属行业。

（2）基于高管面部特征感知的四个维度与公司业绩

$$Performance_i = \beta_0 + \beta_1 Attractive_i + \beta_2 Competent_i + \beta_3 Likable_i +$$
$$\beta_4 Trustworthy_i + Control_i + \varepsilon_i$$
(7-3)

其中，$Performance_i$——2012 年第 i 位高管所在公司业绩，用 ROA 度量业绩，并用 ROE 进行稳健性检验；$Control_i$ 为控制变量：

$$Control_i = \beta_5 \ln(PriorCEOperf_i) + \beta_6 SIZE_i + \beta_7 Governance_i +$$
$$\beta_8 Lev_i + \beta_9 Stockownership_i + \beta_{10} NPR_i + \sum_{j=11}^{19} \beta_j Ind_i$$
(7-4)

其中，$\ln(PriorCEOperf_i)$——第 i 位高管前任任期结束年前一年所在公司业绩，如果没有前任，用均值替代；其余变量含义同公式（7-2）。

（3）基于高管面部特征感知的四个维度与公司资本结构

$$Lev_i = \beta_0 + \beta_1 Attractive_i + \beta_2 Competent_i + \beta_3 Likable_i +$$
$$\beta_4 Trustworthy_i + Control_i + \varepsilon_i$$
(7-5)

其中，Lev_i——2012 年第 i 位高管所在公司资本结构；$Control_i$ 为控制变量：

$$Control_i = \beta_5 \ln(PriorCEOLev_i) + \beta_6 SIZE_i + \beta_7 Governance_i +$$
$$\beta_8 Tobin's\ Q_i + \beta_9 ROA_i + \beta_{10} Tang_i + \beta_{11} Dep_i +$$
$$\sum_{j=12}^{20} \beta_j Ind_i + \beta_{21} NPR_i \qquad (7-6)$$

$\ln(PriorCEOLev_i)$——第 i 位高管前任任期结束年前一年所在公司资本结构，如果没有前任，用均值替代；$Tang_i$——第 i 位高管所在公司有形资产；Dep_i——第 i 位高管所在公司非债务税盾；其余变量含义同公式（7-2）。

7.4 实验分析

7.4.1 主要变量描述性统计

1. 全样本描述性统计

首先对文中主要变量进行描述统计分析，结果见表 7-5。

就公司层面变量而言，高管货币薪酬方面：2012 年研究样本 182 家公司的 195 位高管货币薪酬，17358 个观测值的均值为 11.606，中位数为 11.671，标准差为 1.068，最大值 14.805，而最小值为 5.150；公司业绩方面：182 家上市公司的 23296 个观测值的 ROA 均值为 4.3%，中位数为 3.3%，标准差为 5.7%，最大值 31.1%，最小值为 -1.09%；说明高管货币薪酬、公司业绩在企业间均存在明显差异。就高管层面变量而言，四个面部特征感知变量的均值、中位数和标准差等均存在不同程度差异。其余变量在不同企业间、高管间存在不同程度差异。这为本章研究提供了数据支持。

2. 按类型分样本主要变量描述性统计

表 7-6 按四种情况分类对各自的主要变量均值进行 T 检验，显示高管薪酬均值四个类型对比均存在显著差异。公司业绩方面：企业性质与有无前任两类分组业绩均值存在显著差异，而公司规模与高管是否持股两类分组业绩均值虽有差异，但统计检验意义上不显

表 7-5 变量描述性统计

变量	N	均值	中位数	最小值	最大值	标准差	偏度	峰度
ln($CEOPay$)	17358	11.606	11.671	5.150	14.805	1.068	-1.736	9.679
ROA	23296	0.043	0.033	-0.109	0.311	0.057	1.495	5.118
ROE	23296	0.078	0.083	-0.478	0.465	0.110	-0.759	5.243
TQ	23182	0.509	0.531	0.018	0.859	0.201	-0.478	-0.570
ln($PriorCEOpay$)	6702	11.197	11.380	6.786	13.966	1.215	-1.345	3.208
PriorCEOROA	12463	0.044	0.034	-0.322	0.395	0.078	-0.803	11.033
PriorCEOROE	11871	0.098	0.087	-3.037	2.907	0.441	-0.493	40.195
lnSalescpi	23888	7.126	7.145	0.666	12.845	1.836	-0.015	0.087
SIZE	23296	7.151	7.166	0.666	12.845	1.850	-0.050	0.064
SIZE1	23296	7.132	7.235	0.439	12.995	1.898	-0.060	0.100
SIZE2	23296	7.558	7.562	3.616	12.832	1.595	0.320	-0.051
Governance	23059	0.151	0.170	-1.270	1.690	0.413	-0.073	1.160
Lev	23296	0.507	0.530	0.011	0.859	0.202	-0.467	-0.598
NPR	23888	0.622	1	0	1	0.485	-0.505	-1.745
Stockownership	23888	0.245	0	0	1	0.430	1.187	-0.591
Competent	23888	3.583	4	1	5	0.854	-0.416	0.346
Trustworthy	23888	3.454	3	1	5	0.863	-0.272	0.086
Likable	23888	3.356	3	1	5	0.918	-0.188	-0.148
Attractive	23888	3.249	3	1	5	0.972	-0.202	-0.166

著；高管面部特征感知的四个维度均值 T 检验，企业性质分组均不显著，大公司与小公司除了吸引力感知之间不显著外，其余三维感知均存在显著差异，有无前任高管类型分组胜任力感知与亲和力均值存在显著差异，而高管是否持股四个维度均值均存在显著差异。

表 7-6 高管面部特征感知与高管薪酬、公司业绩分类型比较

面板 A

变量	企业性质 国企（1）	企业性质 私企（2）	公司规模 大公司（3）	公司规模 小公司（4）	T 检验 (1)-(2)	T 检验 (3)-(4)
CEOPay	981114	718034	1279094	563841	-14.03***	-30.23***
Performance	0.0403	0.0495	0.0438	0.0428	10.27***	-0.63
Competent	3.5764	3.5970	3.6064	3.5631	1.43	-3.90***
Trustworthy	3.4363	3.4562	3.4698	3.4406	1.37	-2.60***
Likable	3.3607	3.3402	3.3799	3.3358	-1.33	-3.70***
Attractive	3.2506	3.2576	3.2558	3.2439	0.43	-0.94

面板 B

变量	有无前任 CEO 有（1）	有无前任 CEO 无（2）	高管是否持股 是（3）	高管是否持股 否（4）	T 检验 (1)-(2)	T 检验 (3)-(4)
CEOPay	734120	1062130	1347675	699603	13.88***	-18.75***
Performance	0.0356	0.0540	0.0427	0.0431	25.48***	0.44
Competent	3.5735	3.5964	3.6255	3.5686	2.02**	4.44***
Trustworthy	3.4486	3.4616	3.5032	3.4376	1.13	5.06***
Likable	3.3656	3.3402	3.4027	3.3404	-2.09**	-4.53***
Attractive	3.2491	3.2494	3.2827	3.2384	0.02	-3.04***

7.4.2 基于四个维度的管理者面部特征感知识别

实验中有 81 对 CEO 与非 CEO 配对，66 对大公司 CEO 与小公司 CEO 配对，由受试者评判识别。表 7-7 中面板 A 给出结果，基于面部特征的四个维度（胜任力、诚信、亲和力和吸引力），以及受试者选择 CEO 次数的比重，共有 81 对 CEO 和 1140 位受试者。这项实验的关键是：48.61% 的受试者在识别 CEO 时认为 CEO 感觉更

有胜任力。使用简单平均计算方法，选择每对进行简单平均计算CEO次数比重，以及配对平均数的均值。对于四个特征，笔者发现具有不同的统计显著：CEO感觉更具有亲和力及吸引力，但他们的胜任力的感觉与诚信的感觉差些。最显著的不同是诚信感觉的差异。

面板B用同样的分析方法对大公司与小公司CEO进行配对分析。有66对大小公司CEO配对、1208位受试者。有很多类似的结果：大公司CEO相对小公司CEO更有亲和力和吸引力，但与上述实验结果不同的是，大公司CEO更有胜任力，诚信的感觉依然更差些，但是相对上述实验显著提高不少。四个特征方面的统计结果显著。例如，56.27%的受试者选择大公司CEO胜任力优于小公司CEO，43.18%受试者认为大公司的CEO亲和力差些。大公司CEO被认为感觉更不具有诚信。有趣的是，面板A实验与面板B实验唯一大的差异是胜任力方面。从面板A可知，CEO比控制组更具有亲和力和吸引力，面板B中大公司CEO也比小公司CEO更具有亲和力和吸引力。

表7-7 CEO与非CEO面部特征配对比较

面板A：正确识别CEO比重（%）					
	正确识别CEO	胜任力	诚信	亲和力	吸引力
简单平均（%）	51.91***	48.61***	17.21***	52.61***	51.71***
观测数	15324	15324	15324	15324	15324
配对数量	81	81	81	81	81
受试者人数	1140	1140	1140	1140	1140

面板B：正确识别大公司CEO比重（%）				
	胜任力	诚信	亲和力	吸引力
简单平均（%）	56.27***	33.58***	56.82***	56.26***
观测数	14897	14897	14897	14897
配对数量	66	66	66	66
受试者人数	1208	1208	1208	1208

注：面板A表示选择更具有胜任力、诚信、亲和力与吸引力四个特征的CEO/非CEO受试者之比重。面板B表示选择更具有胜任力、诚信、亲和力与吸引力大公司CEO/小公司CEO受试者之比重。检验原假设：选择CEO（大公司CEO）的概率是50%，采用点估计方法估计。

CEO 的任命并不是如国外一些国家政治候选人通过选票获得票数决定，而是经过长期考量考核，由熟悉其履历和业绩等的董事会参与决定，或者是由上级主管机构任命的。

我国上市公司有国企和民营企业两大主要类别，相对于民营企业而言，我国国有企业的管理者更像是"官员"，他们一般由政府部门（国资委等）任命，其评估、任期、升迁等均由政府部门决定，其身份不仅仅是一个企业管理人员，更是国家机关的"工作人员"。与薪酬相比，政治前途更为国有企业管理层所关注［吴联生、林景艺和王亚平（2010）[173]］。对于我国国有（中央和地方政府）和民营两种性质的企业来说，表7-7 胜任力的差异这一结果值得进一步研究，因此在后面的回归分析中可以考虑在两种产权性质下做进一步的深入分析。

7.4.3 基于高管面部特征感知的四维评分

由表7-8 可知，通过面部特征感知区分高管与非高管似乎是重要的，如同区分大公司与小公司高管，但其结果不能用于通过特征来获知与公司规模、薪酬和业绩等方面相关信息，因此需要对其四个维度进行量化计算。受试者对195 位高管的胜任力、诚信、亲和力、吸引力按照五等级法分1~5 级进行评分，1 表示不具有……5 表示非常具有，有737 位受试者。从表7-8 中195 位高管四个属性特征相关系数可知：四个维度之间均中度显著正相关。亲和力与吸引力之间相关系数最大，接近0.8；胜任力与吸引力之间相关系数最小，但依然较高。

表7-8 基于高管面部特征感知的四个维度之间相关性分析

	高管平均比率			
	胜任力	诚信	亲和力	吸引力
胜任力	1			
诚信	0.69366***	1		

续表

	高管平均比率			
	胜任力	诚信	亲和力	吸引力
亲和力	0.55561***	0.68683***	1	
吸引力	0.54761***	0.64750***	0.79724***	1
高管人数	195	195	195	195
观测数	23888	23888	23888	23888
受试者人数	737	737	737	737

表7-7实验中48.61%的受试者很难解释高管比非高管看起来更具有胜任力，56.27%的受试者很难解释大公司高管看起来更具有胜任力。但面部特征数值评分可以考虑衡量经济意义。把与胜任力相关的3/5~4/5的分数移出，做单变量回归，发现高管公司营业收入增加4.6%，其薪酬增加了2.8%；同时，移除3/5~4/5亲和力分数，总营业收入增加4.9%，薪酬增加3.3%。移除诚信3/5~4/5，薪酬增加3.4%；移除吸引力3/5~4/5，薪酬增加2.0%。在每种情况下，经济上有显著效应。

表7-9是这些评分与高管所在公司的规模、高管薪酬之间单变量相关分析矩阵。产权性质和企业规模分组相关分析中，相对全样本而言，国企组与大公司高管基于面部特征感知的四个维度相关系数均有所下降，但变化不大；民企组与小公司相关系数虽有所上升，但变化依然不大；持股高管组相对全样本，相关系数基本不变，无持股高管组除了亲和力与吸引力相关系数有所上升，其余相关系数均略微下降。

表7-9 基于高管面部特征感知的四个维度、公司规模与薪酬关系

相关系数	面板A：*SIZE*		
胜任力	0.02274***		
诚信		0.00902	
亲和力			0.01845***

续表

相关系数	面板 A：SIZE			
吸引力				-0.00147
观测数	23888	23888	23888	23888
高管人数	195	195	195	195
受试者人数	737	737	737	737
相关系数	面板 B：ln（CEOPay）			
胜任力	0.03863***			
诚信		0.03352***		
亲和力			0.03212***	
吸引力				0.01886***
观测数	17358	17358	17358	17358
高管人数	142	142	142	142
受试者人数	737	737	737	737
相关系数	面板 C：ROA			
胜任力	-0.01152*			
诚信		-0.00628		
亲和力			-0.01917***	
吸引力				-0.01677***
观测数	23888	23888	23888	23888
高管人数	195	195	195	195
受试者人数	737	737	737	737

表7-9的结果表明，在显著性1%水平下：胜任力、亲和力感知与规模正相关，胜任力、诚信、亲和力和吸引力感知与薪酬正相关，具有"胜任力相貌"现象；高管四个维度感知均与公司业绩负相关，除吸引力感知与业绩相关性不显著外，其余均显著。

这符合表7-7的实验结果：大公司高管被认为更具有胜任力，更具有亲和力。值得注意的是，表7-9中结果表明高管吸引力感觉与公司规模负相关，与表7-7结果不一致，看起来更具有吸引力的高管未必是大公司高管；诚信感觉与公司规模正相关，但不显著，与表7-7中诚信感觉差异大，某种程度来说是契合的。

将高管全样本按产权性质分成国有企业和民营企业高管两个子样本，分别对两组高管基于面部特征感知的四个维度"胜任力、诚信、亲和力和吸引力"与公司规模、高管薪酬做相关分析，并与全样本相比较。国有企业高管组：①公司规模：基本一致的是高管的"胜任力"和"诚信"感知，差异大的是亲和力与规模存在不显著的正相关，吸引力与规模也由不显著到显著负相关；②高管薪酬：四维特征感觉与薪酬相关性均显著提高。而民营企业高管组：①公司规模：差异大的是胜任力和吸引力，均与规模正相关，但不显著；②高管薪酬：四个维度与薪酬相关系数符号与全样本一样，整体相关系数下降，但只有亲和力与薪酬相关系数是显著的。可见，产权性质不同，基于面部特征感知的高管四个维度与公司规模、高管薪酬是有差异的。此外，国企与民企高管四维感知与公司业绩相关性差异显著：国企高管四维感知与公司业绩均呈显著的负相关，而民企高管四维感知与公司业绩存在正相关关系，但其"胜任力"感知不显著。

7.4.4 薪酬与胜任力

以下检验高管面部特征感知是否会影响其薪酬，特别控制前任高管薪酬基础上，检验高管薪酬是否作为其面部特征感知的一个函数。公司规模、行业被认为是决定高管薪酬的重要因素，因此建模过程中控制公司规模、行业、公司治理、财务杠杆、高管是否持股、产权性质和前任高管薪酬。表7-10面板A用回归方程检验这两者的关系。结果表明在控制公司规模、行业、公司治理、财务杠杆、高管是否持股、产权性质和前任高管薪酬这些影响薪酬的相关潜在因素后，面部特征回归系数均不显著；当对面部特征感知分别做回归时，四维面部特征感知也均不显著；胜任力感知与诚信感知系数为正，而亲和力与吸引力感知系数为负。

表 7-10 基于高管面部特征感知的四个维度与高管薪酬关系

面板 A：ln（CEOpay）

Competent	0.009	—	—	—	0.004
Trustworthy	—	0.013	—	—	0.026
Likable	—	—	-0.0003	—	-0.012
Attractive	—	—	—	-0.001	-0.007
ln（*PriorCEOpay*）	0.919***	0.919***	0.918***	0.918***	0.918***
SIZE	-0.100***	-0.100***	-0.100***	-0.100***	-0.100***
Governance	-0.241***	-0.241**	-0.241***	-0.241***	-0.240***
Lev	-0.302***	-0.301***	-0.299***	-0.299***	-0.301***
Stockownership	0.405***	0.404**	0.405***	0.405***	0.405***
NPR	1.252***	1.251***	1.253***	1.253***	1.251***
Ind	控制	控制	控制	控制	控制
R^2	0.7550	0.7551	0.7550	0.7550	0.7552
观测数	5095	5095	5095	5095	5095
高管人数	42	42	42	42	42
受试者人数	737	737	737	737	737

面板 B：ln（CEOpay）

Competent	0.002	—	—	—	-0.004
Trustworthy	—	0.009	—	—	0.032***
Likable	—	—	-0.005	—	-0.002
Attractive	—	—	—	-0.010*	-0.026**
SIZE	0.428**	0.428***	0.428***	0.429***	0.429***
Governance	0.076***	0.076***	0.076***	0.076***	0.077***
Lev	-1.414***	-1.411***	-1.416***	-1.418***	-1.419***
Stockownership	0.289***	0.289***	0.289***	0.290***	0.289***
NPR	-0.116***	-0.116***	-0.116***	-0.116***	-0.116***
Ind	控制	控制	控制	控制	控制
R^2	0.6270	0.6271	0.6270	0.6271	0.6276
观测数	7930	7930	7930	7930	7930
高管人数	65	65	65	65	65
受试者人数	737	737	737	737	737

续表

面板 C：ln（CEOpay）					
Competent	0.032***	—	—	—	0.027*
Trustworthy	—	0.028***	—	—	0.028*
Likable	—	—	0.006	—	-0.029
Attractive	—	—	—	0.011	0.003
ln（PriorCEOpay）	0.694***	0.695***	0.695***	0.695***	0.694***
SIZE	0.134***	0.135***	0.134***	0.134***	0.134***
Governance	-0.413***	-0.414***	-0.413***	-0.413***	-0.414***
Lev	-0.553***	-0.551***	-0.547***	-0.548***	-0.551***
Stockownership	0.332***	0.331***	0.332***	0.333***	0.335***
NPR	0.353***	0.353***	0.355***	0.355***	0.353***
Ind	控制	控制	控制	控制	控制
R^2	0.4958	0.4957	0.4953	0.4954	0.4967
观测数	8836	8836	8836	8836	8836
高管人数	72	72	72	72	72
受试者人数	737	737	737	737	737

表7-10是高管薪酬对面部特征感知的回归结果。如果没有薪酬，用之前的薪酬年份数据代替，使用2006年和2009年薪酬数据的有2位，使用2007年和2010年薪酬数据的有1位，使用2011年数据的有5位，有42位高管薪酬为0或者缺失（其中8位没有前任高管）。面板A不包括65位没有前任高管的样本。面板B是65位没有前任高管薪酬且现任高管有薪酬数据情况下，对面部特征的回归结果。面板C是前任高管和现任高管有薪酬，前任高管薪酬缺失或者为0，用同行业前任高管薪酬均值替代的回归结果。

我国A股市场没有前任高管的上市公司数量比较多，在本章实验样本中有薪酬的153位高管中，有65位没有前任高管，比例高达43%，因此很有必要对这些没有前任高管的薪酬对高管面部特征感知单独进行回归分析，具体见面板B，诚信与薪酬的回归系数是显著为正的，吸引力与薪酬回归系数显著为负。

从表 7-10 中可以看到，在这些回归结果中观测的数量明显下降，因为有许多长期在位的高管薪酬不能以前任高管的薪酬作为基准。对于这样的高管，用相同行业所有高管薪酬均值代替前任高管薪酬。表 7-10 中面板 C 是其结果。所有样本的结果与表 7-10 面板 A 的结果不太一致：基于高管面部特征的四维感知分别做回归时，四个维度感知均与前任高管薪酬正相关，不管是单回归还是全回归，面板 C 中胜任力和诚信统计意义上是显著的。经济意义上，从表 7-10 面板 C 的估计中显示高管胜任力评级从 3/5 ~4/5，薪酬增加 3.2% ~2.7%。

从控制变量的回归结果来看，所有控制变量系数均显著。由表 7-10 可看出，前任高管薪酬、公司财务杠杆与现任高管是否持股影响现任高管薪酬，前任高管薪酬越高、财务杠杆越低、现任高管持股，现任高管薪酬越高。虽然公司规模、公司治理与产权性质也影响现任高管薪酬，但视情况不同而不同，有前任高管的公司规模越小、公司治理结构越不完善、国企现任高管薪酬越高，而没有前任高管的公司规模越大、公司治理结构越完善、私企的现任高管薪酬越高。

7.4.5　公司业绩与高管胜任力

高管信息搜集和能力评判是一个长期而复杂的过程，根据高管的业绩数据，通常是由少数人慎重评估并做出决定。研究结果表明，胜任力看起来与高管的选择和报酬有关，心理学文献有足够的证据说明基于高管面部特征的感知评价并不一定转化为相应行为。因此拥有面部特征的外观并不意味着一个人实实在在的真正特征。因此接下来的问题就是，看起来更具有胜任力的高管，实际上更有胜任力吗？为了解决这个问题，在控制前任高管离职前一年业绩以及公司规模、公司治理、财务杠杆、高管是否持股、行业和产权性质的情况下，基于高管面部特征感知的四个维度与公司的业绩之间建立回归模型。回归结果如表 7-11 所示。

表 7-11　基于高管面部特征感知的四个维度与公司业绩

面板 A：Performance

Competent	0.0002	—	—	—	0.001
Trustworthy	—	-0.0003	—	—	0.0005
Likable	—	—	-0.001***	—	-0.002***
Attractive	—	—	—	-0.001**	-0.00001
PriorCEOperf	0.149***	0.148***	0.147***	0.147***	0.147***
SIZE	0.006***	0.006***	0.006***	0.006***	0.006***
Governance	0.014***	0.014***	0.014***	0.014***	0.014***
Lev	-0.208***	-0.208***	-0.208***	-0.208***	-0.208***
Stockownership	-0.006***	-0.006***	-0.006***	-0.006***	-0.006***
NPR	-0.007***	-0.007***	-0.007***	-0.007***	-0.007***
Ind	控制	控制	控制	控制	控制
R^2	0.3500	0.3500	0.3505	0.3502	0.3508
观测数	11871	11871	11871	11871	11871
高管人数	96	96	96	96	96
受试者人数	737	737	737	737	737

面板 B：Performance

Competent	-0.003***	—	—	—	-0.002***
Trustworthy	—	-0.003***	—	—	-0.004
Likable	—	—	-0.002***	—	0.0001
Attractive	—	—	—	-0.002***	-0.001
SIZE	0.015***	0.015***	0.015***	0.015***	0.016***
Governance	0.018***	0.018***	0.018***	0.018***	0.018***
Lev	-0.212***	-0.212***	-0.212***	-0.212***	-0.210***
Stockownership	-0.016***	-0.016***	-0.016***	-0.016***	-0.016***
NPR	-0.0001	-0.0001	-0.0001	-0.0001	-0.0001
Ind	控制	控制	控制	控制	控制
R^2	0.4271	0.4264	0.4260	0.4263	0.4275
观测数	9256	9256	9256	9256	9256
高管人数	76	76	76	76	76
受试者人数	737	737	737	737	737

公司业绩对基于高管面部特征感知的四个维度进行回归。所有的回归也包括行业及产权性质两个虚拟变量作为控制变量。控制前任高管离职前一年的业绩（77 位没有前任高管，有 1 位公司治理变量缺失）、18 位没有前任高管任期前一年业绩。其中面板 A 不含缺失值，面板 B 是在没有前任高管的情况下进行回归分析的结果。

单变量回归中可以看到统计意义上除了面板 A（不含缺失值样本），高管胜任力和诚信不显著外，其余均显著为负。表 7 – 11 的回归结果表明，不管是否包含前任高管，亲和力与吸引力都显著为负；胜任力在面板 A 与面板 B 中差异很大，面板 A 中胜任力系数为正且不显著，面板 B 中胜任力系数显著且为负。这个结果符合"美丽溢价"文献中的工资的"美丽溢价"的观点，但是没有证据表明这个"工资溢价"在业绩方面是合理的。

不同的是，从公司的角度来看，在高管劳动力市场，似乎有一种"胜任力相貌"溢价与"美丽溢价"不一致现象。实验结果表明，通过观察高管面部特征感知的四个维度，更广泛地是支持"胜任力工资溢价"。

从控制变量影响来看，所有控制变量均显著影响公司业绩。具体来说，前任高管在任时业绩越好、公司规模越大、公司治理结构越完善、财务杠杆越低、现任高管没有持股、私企对公司业绩均有正向影响。

7.4.6 成熟度与胜任力

下面这项小实验探讨高管胜任力表象背后的因素，分析胜任力表象与亲和力是否基于内在"娃娃脸"或"成熟脸"的面部特征感知还是以前的工作业绩。实验目的是基于是否娃娃脸或成熟脸研究高管。区分成熟脸与娃娃脸本质上来说比较好分析，也是基于可感知的面部特征表象。

对样本 195 位高管按 1~5 分值评判"娃娃脸特征"，5 表示最具有"娃娃脸特征"。"娃娃脸特征"评分与他们的胜任力、诚信、亲和力以及吸引力感觉相关矩阵如下。表 7-12 给出了"娃娃脸特征"与四个面部特征胜任力、诚信、亲和力、吸引力双变量之间的相关系数。

表 7-12 娃娃脸与其他面部特征

	高管平均比率			
	胜任力	诚信	亲和力	吸引力
娃娃脸高管	-0.04596***	0.03468*	0.31562***	0.34376***
观测个数	2837	2837	2837	2837
高管人数	195	195	195	195
受试者人数	87	87	87	87

有趣的是，1% 显著性水平下，胜任力与"娃娃脸"负相关且是显著的，相关系数约为 -4.6%。基本上受试者是依据胜任力表象来区别娃娃脸的。诚信、亲和力、吸引力与娃娃脸特征正相关且是显著的（亲和力、吸引力与娃娃脸特征之间的相关系数均高于 0.3），看起来更成熟的管理者缺乏亲和力。这些结果表明，感知胜任力的差异（诚信、亲和力、吸引力）明显受娃娃脸特征影响（或者成熟度表象）。

在这个实验中，还发现娃娃脸特征与公司规模呈负相关关系，娃娃脸特征与薪酬正相关，但两者均不显著。

7.5　管理者胜任力识别与公司资本结构

7.5.1　描述统计

以下分别就公司层面和管理者层面进行描述统计分析。

1. 公司层面

如表 7-13 所示，公司层面而言，公司资本结构水平均值为 50.8%，中位数为 53.0%，最大值为 85.9%，而最小值只有 1.1%，标准差为 20.2%；公司治理方面差异比较大，最大值为 1.690，最

小值只有 -1.270，均值为 0.151，整体治理水平较高。

表 7-13 所列公司层面变量差异显著，有形资产与非债务税盾均值分别为 43.2% 与 24.3%，样本中 62.9% 为国有企业。

表 7-13　公司层面主要变量描述统计

变量	N	均值	中位数	最小值	最大值	标准差	偏度	峰度
Lev	23059	0.508	0.530	0.011	0.859	0.202	-0.468	-0.582
Governance	23059	0.151	0.170	-1.270	1.690	0.413	-0.073	1.160
SIZE1	23059	7.162	7.235	3.179	12.995	1.849	0.120	-0.376
SIZE2	23059	7.579	7.578	4.337	12.832	1.579	0.370	-0.110
ROA	23059	0.043	0.033	-0.109	0.311	0.057	1.545	5.255
ROE	23059	0.078	0.083	-0.478	0.465	0.110	-0.769	5.383
Tang	23059	0.432	0.409	0.018	0.943	0.190	0.277	-0.643
Dep	23059	0.243	0.197	0.001	0.937	0.189	1.045	0.468
NPR	23059	0.629	1	0	1	0.483	-0.534	-1.716

2. 管理者层面

由表 7-14 可以得知，高管面部特征感知的四个维度存在差异，为实证提供数据支持；高管持股比例为 24.8%，因此建模过程考虑高管持股比例变量。

表 7-14　管理者层面主要变量描述统计

变量	N	均值	中位数	最小值	最大值	标准差	偏度	峰度
Competent	23059	3.584	4	1	5	0.852	-0.415	0.355
Trustworthy	23059	3.454	3	1	5	0.862	-0.270	0.090
Likable	23059	3.359	3	1	5	0.916	-0.183	-0.147
Attractive	23059	3.252	3	1	5	0.969	-0.198	-0.164
Stockownership	23059	0.248	0	0	1	0.432	1.166	-0.640

7.5.2 实证分析

1. 相关分析

首先对全样本进行相关分析，然后对全样本分有无前任 CEO 两组再做相关分析，以探讨有无前任 CEO 高管面部特征感知的四个维度与公司资本结构之间相关程度是否有差异。相关分析见表 7-15。全样本中，高管面部特征感知的四个维度只有亲和力与公司资本结构之间相关系数是显著的；有前任高管面部特征感知的四个维度与公司资本结构之间相关系数均是正的显著相关关系；无前任高管面部特征感知的四个维度与公司资本结构之间相关系数均是负的相关关系，但只有诚信和吸引力与公司资本结构之间相关系数在 1% 水平下是显著的。因此以下分有无前任高管两组进行实证分析。

2. 回归分析

以下分有前任 CEO 组和无前任 CEO 组进行实证分析，回归结果如表 7-16 所示。

①全样本：从胜任力、诚信、亲和力和吸引力分别对 Lev 的回归结果来看，胜任力更强、诚信度更高的高管所在公司总负债率越低，但亲和力和吸引力与公司总负债率之间回归系数不显著。全变量回归四个维度感知与总负债率之间回归系数均不显著。

②有前任 CEO 样本：由四个维度单变量回归结果可知，四个维度感知与 Lev 之间回归系数均为正的显著相关，即看起来越具有"胜任力""诚信""亲和力"和"吸引力"的高管所在公司总负债率越高。全变量回归中，胜任力的回归系数为在 5% 水平下显著正相关，也即胜任力评级推断其所在公司总负债率较高是显著的。

③无前任 CEO 样本：无前任 CEO 样本结论正好与有前任 CEO 样本实证结论相反，即看起来越具有"胜任力""诚信""亲和力"和"吸引力"的高管所在公司总负债率越低。全变量回归中，"胜任力"的回归系数为在 1% 水平下显著负相关，也即胜任力评级推断其所在公司总负债率较低是显著的。

表7-15 各变量之间相关系数一览

相关系数：面板A（全样本）

	Lev	Competent	Trustworthy	Likable	Attractive	SIZE	Governance	ROA	Tang	Dep	Stockownership
Lev	1										
Competent	0.005	1									
Trustworthy	-0.007	0.693***	1								
Likable	0.012*	0.554***	0.686***	1							
Attractive	-0.023	0.545***	0.648***	0.797***	1						
SIZE	0.576***	0.018***	0.002	0.010*	-0.012*	1					
Governance	0.014*	0.013*	0.017*	0.015**	0.016**	0.241***	1				
ROA	-0.467***	-0.014**	-0.007	0.018***	-0.016***	-0.041***	0.165***	1			
Tang	0.334***	0.016**	-0.005	0.008	0.005	0.207***	-0.038***	-0.303***	1		
Dep	0.100***	0.002	-0.013**	-0.020***	-0.016***	0.143***	-0.004	-0.299***	0.622***	1	
Stockownership	-0.094***	0.030***	0.035***	0.029***	0.020***	0.038***	0.056**	-0.006	-0.107***	-0.046***	1
NPR	0.250	0.012*	0.007	0.023***	0.014**	0.444***	-0.028***	-0.086***	0.131***	0.111***	-0.195***
观测数	23059	23059	23059	23059	23059	23059	23059	23059	23059	23059	23059
高管人数	188	188	188	188	188	188	188	188	188	188	188
受试者人数	737	737	737	737	737	737	737	737	737	737	737

续表

相关系数：面板 B（有前任 CEO）

	Lev	Competent	Trustworthy	Likable	Attractive	SIZE	Governance	ROA	Tang	Dep	Stockownership
Lev	1										
Competent	0.030***	1									
Trustworthy	0.020**	0.695***	1								
Likable	0.029***	0.554***	0.683***	1							
Attractive	0.021**	0.542***	0.643***	0.790***	1						
SIZE	0.323***	0.039***	0.026**	0.020**	0.018**	1					
Governance	0.136***	0.010	0.018**	0.015**	0.016**	0.241***	1				
ROA	-0.498***	-0.004	-0.002	-0.021**	-0.016**	0.039***	0.083***	1			
Tang	0.272***	0.014	-0.004	0.005	0.012	0.149***	0.084***	-0.288***	1		
Dep	0.157***	-0.004	-0.020**	-0.026***	-0.017**	0.217***	0.047***	-0.352***	0.620***	1	
Stockownership	0.009	0.021**	0.027***	0.028***	-0.004	0.281***	0.088***	0.005	-0.080***	-0.022***	1
NPR	-0.099***	0.032***	0.030***	0.042***	0.038***	0.282***	0.047***	-0.014	-0.050***	0.100***	-0.002***
观测数	13430	13430	13430	13430	13430	13430	13430	13430	13430	13430	13430
高管人数	109	109	109	109	109	109	109	109	109	109	109
受试者人数	737	737	737	737	737	737	737	737	737	737	737

第 7 章 管理者胜任力识别与公司资本结构决策：一项行为金融实验

159

续表

相关系数: 面板 C (没有前任 CEO)

	Lev	Competent	Trustworthy	Likable	Attractive	SIZE	Governance	ROA	Tang	Dep	Stockownership
Competent	−0.016	1									
Trustworthy	−0.034***	0.691***	1								
Likable	−0.012	0.554***	0.691***	1							
Attractive	−0.027***	0.550***	0.656***	0.806***	1						
SIZE	0.728***	−0.0004	−0.025**	−0.012	−0.029***	1					
Governance	0.024**	0.014	0.014	0.014	0.015	0.247***	1				
ROA	−0.423***	−0.034**	−0.018*	−0.009	−0.016	−0.061***	0.245***	1			
Tang	0.350***	0.021**	−0.006	0.006	−0.004	0.206***	−0.137***	−0.295***	1		
Dep	−0.008	0.014	−0.0004	−0.013	−0.013	−0.003	−0.054	−0.162***	0.632***	1	
Stockownership	−0.089***	0.039***	0.045***	0.036***	0.047***	−0.106***	−0.037***	−0.081***	−0.092***	−0.058***	1
NPR	0.322	−0.001	−0.014	−0.007	−0.009	0.458***	0.066***	−0.053***	0.220***	0.083***	−0.271***
观测数	9629	9629	9629	9629	9629	9629	9629	9629	9629	9629	9629
高管人数	79	79	79	79	79	79	79	79	79	79	79
受试者人数	737	737	737	737	737	737	737	737	737	737	737

表 7-16 基于高管面部特征感知的四个维度与资本结构的关系

面板 A：*Lev*（全样本）					
Competent	-0.002**	—	—	—	-0.002
Trustworthy	—	-0.002*	—	—	-0.001
Likable	—	—	-0.001	—	-0.0005
Attractive	—	—	—	-0.001	-0.00005
SIZE	0.063***	0.063***	0.063***	0.063***	0.063***
Governance	-0.033***	-0.033***	-0.033***	-0.033***	-0.033***
ROA	-1.509***	-1.509***	-1.509***	-1.509***	-1.509***
Tang	0.138***	0.138***	0.138***	0.138***	0.138***
Dep	-0.183***	-0.183***	-0.183***	-0.183***	-0.183***
Stockownership	-0.053***	-0.053***	-0.053***	-0.053***	-0.053***
Ind	控制	控制	控制	控制	控制
NPR	-0.021***	-0.021***	-0.021***	-0.021***	-0.021***
R^2	0.6373	0.6373	0.6373	0.6373	0.6374
观测数	23059	23059	23059	23059	23059
高管人数	188	188	188	188	188
受试者人数	737	737	737	737	737

面板 B：*Lev*（有前任 CEO）					
Competent	0.004***	—	—	—	0.003**
Trustworthy	—	0.003***	—	—	0.0003
Likable	—	—	0.002**	—	-0.001
Attractive	—	—	—	0.003**	0.002
SIZE	0.044***	0.044***	0.044***	0.044***	0.044***
Governance	-0.007***	-0.008***	-0.008***	-0.008***	-0.008***
ROA	-1.420***	-1.420***	-1.419***	-1.420***	-1.420***
Tang	0.042***	0.043***	0.043***	0.043***	0.043***
Dep	-0.105***	-0.106***	-0.106***	-0.105***	-0.106***
Stockownership	-0.035***	-0.035***	-0.035***	-0.035***	-0.035***
Ind	控制	控制	控制	控制	控制

续表

面板 B：*Lev*（有前任 CEO）

NPR	-0.073***	-0.073***	-0.073***	-0.073***	-0.073***
R^2	0.4951	0.4949	0.4948	0.4949	0.4951
观测数	13430	13430	13430	13430	13430
高管人数	109	109	109	109	109
受试者人数	737	737	737	737	737

面板 C：*Lev*（没有前任 CEO）

Competent	-0.008***	—	—	—	-0.006***
Trustworthy	—	-0.007***	—	—	-0.001
Likable	—	—	-0.007***	—	-0.002
Attractive	—	—	—	-0.006***	-0.002
SIZE	0.071***	0.071***	0.071***	0.071***	0.071***
Governance	0.005	0.005	0.005	0.005	0.005
ROA	-1.508***	-1.507***	-1.506***	-1.506***	-1.508***
Tang	0.239***	0.238***	0.237***	0.237***	0.237***
Dep	-0.156***	-0.156***	-0.156***	-0.156***	-0.156***
Stockownership	-0.028***	-0.028***	-0.028***	-0.028***	-0.028***
Ind	控制	控制	控制	控制	控制
NPR	0.014***	0.014***	0.014***	0.014***	0.014***
R^2	0.7967	0.7965	0.7965	0.7965	0.7969
观测数	9629	9629	9629	9629	9629
高管（人）	79	79	79	79	79
受试者（人）	737	737	737	737	737

注：公司资本结构对基于高管面部特征感知的四个维度进行回归。所有的回归也包括行业及产权性质两个虚拟变量作为控制变量。其中面板 A 为全样本，面板 B 为有前任 CEO，面板 C 为没有前任 CEO 进行的回归分析结果。

可见，有无前任 CEO，四个维度感知得出的所在公司总负债率高低正好相反。

从控制变量来看，表 7-16 显示不管是否有前任 CEO 还是全样本，公司规模越大、盈利能力越差、有形资产比重越高、非债务税盾比重越低以及高管不持股，公司总负债率越高；但是公司治理和产权性质在全样本、有无前任 CEO 时结果不一致：全样本和有前任 CEO 结果一致，即公司治理越差、私企的总负债率越高，而无前任 CEO 样本并没有证据支持公司治理越完善总负债率越高，但可知没有前任高管国企的总负债率高于私企的总负债率。

7.6 稳健性检验

本章模型稳健性方面：采用"稳健标准差 + OLS"方法估计回归系数且样本容量足够大，异方差性可共存，不影响回归模型结果。

再进行以下稳健性检验：用变量年末总资产替代年总营业收入，重新构建变量"公司规模"，表 7-10、表 7-11 和表 7-16 分别重新做回归分析，结论一致。

本章进行了其他稳健性检验：用 ROE 度量公司业绩，主要结论基本不变。

由于篇幅原因，在此不一一列出。

7.7 实验结论

基于 2000 多名受试者的一系列准科学实验研究结果显示，基于高管的脸部特征感知与其头衔之间有非常重要的关系，且国企和民企两种产权性质类型公司的高管存在差异。

在第一个实验中，给受试者数对经过仔细配对的高管与非高管照片，受试者选择哪位看起来更具有"胜任力""诚信""亲和力"和"吸引力"。在这个实验中，发现高管感觉更具有亲和力和吸引力，但他们的胜任力感觉与诚信感觉差些。最显著的不同是诚信感觉的差异，主要原因是民企样本中胜任力和诚信感觉的差异。

第二个实验测试基于高管面部特征感知的"胜任力、诚信、亲和力和吸引力"是否归因于管理规模不同公司的高管。这种区分很重要，因为大公司高管薪酬普遍高得多。结果类似实验一，大公司高管通常被认为更具有胜任力、更具有亲和力，也更具有吸引力，而诚信感觉差异仍较大，但差异明显小于高管与非高管之间的差异，国企大公司高管被认为更不具有亲和力。另外受试者对于识别大小公司高管在 1% 显著性水平下没有差异，表明大小公司高管并不能被明显识别。

第三个实验是对上述配对实验中使用剔除像素不高影响评分的 18 位高管后剩下的 195 张高管照片，受试者对其四个维度感觉（"胜任力""诚信""亲和力""吸引力"）进行五分法评分。以这种定量方式，直接测度这些特征与高管薪酬之间是否相关。在控制公司规模、公司治理、财务杠杆、行业、企业产权性质、高管是否持股和前任高管薪酬这些可能影响高管薪酬的潜在因素后，回归结果仅支持看起来越具有诚信的高管薪酬越高。在回归分析中，没有证据支持高管其他三维感知与薪酬有显著的直接关系。当基于高管面部特征感知的四个维度分别做回归时，发现不仅看起来越具有诚信的高管薪酬越高，看起来越具有胜任力的高管薪酬也越高。

看起来更有胜任力的高管真的更有胜任力吗？为此，以前述四个维度与业绩做回归，检验高管所在公司的业绩，探讨基于面部特征感知的高管四维是否与业绩有关。结果表明，看起来更具有胜任力的高管所在公司并不见得有更高的业绩，但影响并不显著，即这种影响微乎其微。

在检验高管面部四个维度感觉与薪酬、业绩关系时，特别区分有无前任的高管样本分别进行回归，实验有相似的结果，但是业绩与胜任力之间的关系却有着相反的结论。模型控制变量的回归结果还发现，前任高管薪酬越高、财务杠杆越低、现任高管持股对现任高管薪酬有正向影响，但公司规模、公司治理与产权性质对高管薪酬影响视有无前任高管而有很大差异；在对业绩回归中，前任高管在任时业绩越好、公司规模越大、公司治理结构越完善、财务杠杆越低、现任高管没有持股、私企对于公司业绩均有正向影响。

最后，本章探索基于高管面部特征感知的四个维度感觉所有可能的原因。在心理学文献基础上，定量评判高管娃娃脸特征，诚信、亲和力、吸引力与娃娃脸特征正相关且是显著的，还发现娃娃脸特征与公司规模负相关，娃娃脸特征与薪酬正相关，但两者均不显著。这也与心理学文献观点有关：具有"娃娃脸"高管往往更具有智慧，拥有与其实际特征相悖的面部特征感知。换句话说，平均来看，长着一张娃娃脸的人可能会更有胜任力。然而实验结果表明"娃娃脸"的对象不太可能成为高管，更不太可能成为大公司高管。

本章结果显示，可以考虑面部特征感知对职业以及工资影响等更为广泛的研究范围。本章提供的证据表明，对于公司高管，从其面部特征所被感知的胜任力似乎是重要的。这些高管特征还可区分谁经营大公司谁经营小公司。结果表明，可以设置一套更广泛的面部特征来研究调查职业与收入差异。

7.8 本章小结

本章尝试对我国上市公司高管进行"胜任力相貌"与真实胜任力关系研究，采用准实验设计方法，以七个小实验、2000多名受试者，研究高管的面部特征感知与胜任力的关系。将高管与非高管照片配对分析，发现看似更具有吸引力和亲和力受试者的高管比率高于非高管。将大小公司高管照片配对分析，发现大公司高管看起来更具有胜任力、亲和力和吸引力。通过受试者对高管面部特征感知进行数值评分，发现高管薪酬、业绩、产权性质和公司资本结构与这些感知的"胜任力"评级相关。成熟脸孔高管有更高"胜任力"分值。研究结果可为高管人才培养、选拔等提供有益参考。

由高管的四维感知与其所在公司资本结构之间关系的实证结论得知：

①看起来更具有"胜任力""诚信度"的高管所在公司总负债率越低，但没有证据支持"亲和力"和"吸引力"与公司总负债率之间存在显著关系。

②看起来越具有"胜任力""诚信""亲和力"和"吸引力"的有前任的高管所在公司总负债率越高，"胜任力"评级推断其所在公司总负债率较高是显著的。

③无前任 CEO 样本结论正好与有前任 CEO 样本实证结论相反，即看起来越具有"胜任力""诚信""亲和力"和"吸引力"的高管所在公司总负债率越低，也即"胜任力"评级推断其所在公司总负债率较低也是显著的。

由实证结果可知，不管是否有前任 CEO 还是全样本，公司规模越大、盈利能力越差、有形资产比重越高、非债务税盾比重越低以及高管不持股，公司总负债率越高；而公司治理越差、私企的全样本和有前任 CEO 所在公司总负债率越高，没有前任高管国企的总负债率高于私企的总负债率，但并没有证据支持无前任高管所在公司治理越完善总负债率越高。

本章未来研究方向：其一是检验"美丽溢价"现象时，可以考虑与上述四个维度一起实验，更好地研究"美貌"和"胜任力"的关系；其二是可采用动态面孔继续探讨人们基于面孔诸如胜任力等特质与业绩、投融资决策关系，还可以比较静态与动态条件下的异同。

第 8 章 基于管理者特质的动态资本结构调整

本章在前人研究、前几章管理者早期生活经历、从军经历、教育背景和职业经历对资本结构实证研究基础上,从管理者早期生活经历(困难经历、从军经历)、教育背景和困境职业经历多角度,基于这些管理者特征和在管理者层面上研究公司资本结构调整的目标和速率。

8.1 引言

近年来,资本结构研究领域的一个发展趋势是公司资本结构的动态调整问题。动态资本结构理论认为,公司存在最优或者说目标资本结构,这类文献颇为丰富[Fischer、Heinkel 和 Zechner (1989)[174],Graham 和 Harvey (2001)[175],Roberts (2002)[176],Frydenberg (2003)[177]],且已取得丰硕成果。Goldstein 及 Ju 和 Leland (2001)[178]、Leary 和 Roberts (2005)[179]、Flannery 和 Rangan (2006)[180]、Strebulaev (2007)[181]等诸多文献认为因资本市场摩擦等因素的存在,公司资本结构调整收益和调整成本的大小影响其调整速度的快慢。在此情况下,研究哪些因素影响资本结构调整收益和成本进而决定资本结构动态调整受到了学者们的高度重视,并成为资本结构研究领域的热点话题[陆正飞和高强 (2003)[182],孙爱国和薛光煜 (2005)[183],童勇 (2006)[184],丁培嵘和郭鹏飞

(2005)[185]，Qian、Tian 和 Wirjanto（2009）[186]，姜付秀和黄继承（2011）[187]，Warr 等（2012）[188]，等等]。

目前的文献将资本结构理论主要归纳为以下四个分支：静态权衡理论、融资优序理论、市场择机理论和惰性理论[王志强和洪艺珣（2009）[189]］。现有实证研究均已证实上述理论中影响公司资本结构的复杂因素确实会在短期内导致公司偏离目标资本结构，但对于这些因素是否会导致公司长期偏离目标资本结构却存在较大的分歧。如果能够证实偏离效应只是短期的，从长期来看，公司会回归其目标资本结构的话，那么，资本结构这些看似无关、甚至相互矛盾的理论支系就有望在动态权衡的框架下整合成一个和谐的体系。

为解决这个问题，王志强和洪艺珣（2009）[189]提出必须构建符合以下两个条件的模型：第一，这个模型应包含现有研究已经证实的所有影响资本结构的因素，而不能仅仅考察某个或某些因素；第二，应在较长的时间窗口跟踪、观察公司资本结构的动态调整过程，并将这个过程分成短期和长期，以便考察这些因素在公司资本结构调整各个时期的不同影响方式和影响力。本章在王志强和洪艺珣（2009）[189]这一研究思路的基础上，对影响公司资本结构的因素做一些扩展，即增加管理者非理性因素，如管理层过度自信和管理者特质（管理者职业经历、是否具有 MBA 学历、年龄、性别和任期等）。同时本章在 Flannery 和 Rangan（2006）[180]的研究基础上进行了如下方面的拓展。Flannery 和 Rangan（2006）[180]的模型中，所选择的影响公司资本结构调整的变量均为公司特征变量，他们未考虑管理者、管理层的有限非理性因素，如管理者特质、管理层过度自信对于公司资本结构的影响。

8.2 理论分析

从动态角度研究公司资本结构决策，Jalivand 和 Harris（1984）[190]

是较早的探索者之一；Fischer、Heinkel 和 Zechner（1989）[174]试图发现企业资本结构波动范围的决定因素；Rajbhandary（1997）[191]对资本结构的动态调整模型进行了估计。但是，可能受限于动态模型构建和估计上的困难［王皓和赵俊（2004）[192]］，直至20世纪90年代初期这一领域的研究文献还是比较有限的。但随着计量经济学在动态面板数据处理方面的不断发展，近年来公司资本结构动态调整这一领域的文献开始逐步增多［Banerjee、Heshmati 和 Wihlborg（2000）[193]］。

已有诸多文献证实目标资本结构受到经济周期、法律制度以及货币政策等宏观经济变量的影响［Hackbarth、Miao 和 Morellec（2006）[194]，Korajczyk 和 Levy（2003）[195]，李国重（2006）[196]，原毅军和孙晓华（2006）[197]，Delcoure（2007）[198]，苏冬蔚和曾海舰（2009）[199]，马巾英（2011）[200]，闵亮和沈悦（2011）[201]，Fan 等（2012）[202]，于蔚、金祥荣和钱彦敏（2012）[203]，黄继承、朱冰和向东（2014）[204]，宋献中、吴一能和宁吉安（2014）[205]，潜力和胡援成（2015）[206]］。

资本结构的调整速度受到公司特征因素的影响。如资本结构调整速度受到公司规模、利率环境和股票价格的影响［Jalilvand 和 Harris（1984）[190]］。上市时间长的公司资本结构调整速度较慢［Pittman 和 Klassen（2001）[207]］。企业资本结构调整速度的影响因素包括公司规模、市场账面比率、盈利能力和分配制度［Byoun（2005）[208]］。Heshmati（2001）[209]以瑞典上市公司为例，发现公司的盈利能力和成长性对公司资本结构的调整速度具有负向影响。企业调整资本结构的主要驱动因素是企业所处的环境［Tucker 和 Stoja（2007）[210]］。资本结构调整速度受到行业、公司规模以及行业均值稳定性的影响［丁培嵘和郭鹏飞（2005）[185]］。无论是从静态角度还是动态角度，产品市场竞争对公司资本结构偏离目标结构水平都产生了显著影响［姜付秀等（2008）[211]］。贷款利率和收益波动性则会减缓公司资本结构调整的速度［童勇（2006）[184]］。公司成长性对资本结构调整速度具有正向影响,资本结构调整速度与公司规模和偏离最优值的程度负相关,资本结构调整速度会因时间、行业和公司规模的不同而呈现出显著的差异[连玉君和钟经樊(2007)[112]]。在宏观经济繁荣时期,上市公司的资本结构调整速度更快[Cook和Tang(2010)[212]]。融资约束松的企业对成本性指标的变动更为敏感;融资约束紧的企业,资本结构的调整更多地受到容量性指标的刚性制约[于蔚、金祥荣和钱彦敏(2012)[203]]。黄继承和姜付秀(2015)[213]证实了产品市场竞争影响资本结构动态调整的治理效应机制。盛明泉、张春强和王烨(2016)[214]研究了高管股权激励对资本结构动态调整的影响,企业性质不同,股权激励对公司资本结构的影响存在显著差异。

张娟、李虎和王兵(2010)[215]从信号传递角度,选取2001—2006年的面板数据分析发现,我国上市公司选择大规模审计师,能向市场传递利好信号,加快公司资本结构优化调整速度。国有上市公司和民营上市公司的审计师选择具有不同的边际效应,为促进资本结构优化调整,民营上市公司对国内"十大"审计师的需求更显著。

近年的研究发现,资本结构的调整速度还受到管理者认知偏差、管理者超额薪酬[张亮亮和黄国良(2013)[216]]、管理者过度自信[申毅(2013)[217]]、管理层损失规避[王化成、高升好和张伟华(2013)[218]]、高管变更[张亮亮、黄国良和李强(2014)[219]]、经理管理防御[张海龙和姚冰湜(2014)[220]]、高管股权激励[盛明泉、张春强和王烨(2016)[214]]等管理者或者管理层方面的影响。

在资本结构的动态调整方面,很多文献是从资本结构的调整速度及其影响因素这一角度进行研究的[如王皓和赵俊(2004)[192],童勇(2004)[221],肖作平(2004)[222],连玉君和钟经樊(2007)[223],屈耀辉(2006)[224],王正位、赵冬青和朱武祥(2007)[225],等等]。但很少考虑管理者非理性因素(特质等)对短期资本结构和长期资本结构调整的影响。国内鲜有关于管理者特质因素对公司资本结构调整的影响的研究,周业安、程栩和郭杰(2012)[226]从管理者的背景特征出发,探究管理者背景特征(主要包括管理者的性别、年龄、专业背景、教育背景、政治背景、政府背景以及任期等)和资本结构动态调整之间的关系,研究发现高管性别、年龄、任期、教育程度、政治身份、两职兼任情况会对公司资本结构调整产生显著影响;姜付秀和黄继承(2013)[108]从财务经历CEO视角,研究发现具有财务经历CEO显著提高了公司的负债水平,加快了资本结构的调整速度,并降低了资本结构偏离目标的程度。

8.3 实证分析

8.3.1 模型设定

本章参照Flannery和Rangan(2006)[180]所提出来的资本结构部分调整模型:

$$Lev_{i,t} - Lev_{i,t-1} = \lambda_i (Lev_{i,t}^* - Lev_{i,t-1}) + \mu_{i,t} \qquad (8-1)$$

其中:Lev_{it}和Lev_{it}^*分别代表公司i在时间t的实际与目标资本结构;$\mu_{i,t}$为误差项;λ_i代表公司向目标资本结构调整的速度,λ_i在0~1之间,λ_i越大代表调整速度越快。如果$\lambda_i = 1$,那么$Lev_{i,t} = Lev_{i,t}^*$,即不存在调整成本的情况下,公司自动地将资本结构调整为目标资本结构水平;相反,如果$\lambda_i = 0$,那么$Lev_{i,t} = Lev_{i,t-1}$,表明调整成本很高,公司资本结构并未发生调整,仍然保持上一年的水平;当$\lambda_i < 1$时,表明由于调整成本的存在而只进行了部分调整;当$\lambda_i > 1$时,表明企业资本结构存在过度调整。

通常用两种方法来估计未被观察到的目标资本结构。①目标资本结构由观察到的实际资本结构的均值或是移动平均值替代:这种方法的主要缺陷在于很难说明为什么目标资本结构一直保持稳定,并由过去的资本结构所决定[Shyam-Sunder和Myers(1999)[227]]。

②用函数方法估计目标资本结构：假设公司的目标资产负债率是与管理者胜任力识别、管理者阅历以及公司自身特征向量相关的一组函数：

$$Lev_{i,t}^* = \beta X_{i,t} \qquad (8-2)$$

其中：$X_{i,t}$ 为 $k \times 1$ 阶外生变量组成的向量，而 β 为其各自的系数。参考 Rajan 和 Zingales（1995）[105]、Lemmon 及 Roberts 和 Zender（2008）[85]、潜力和胡援成（2015）[206]等的文章，本章选取了管理者特质变量（早期生活经历、职业经历，年龄、性别、文化程度、任期、管理层过度自信）和公司特征控制变量（公司治理、公司规模、公司成长机会、公司盈利能力、有形资产和公司产权性质），同时控制行业和年份。

本章的创新之处在于同时考虑了公司管理者阅历，如管理者早期生活经历、职业困境经历和教育背景。具体管理者早期生活经历、教育背景和职业经历同前面章节。

这里有两种方法来预测方程（8-1）和（8-2），第一种方法为两步法［Byoun（2005）[208]，Fama 和 French（2002）[106]］，即首先将公司特征变量与公司实际资本结构代入式（8-2），得到 $Lev_{i,t}^*$ 的拟合值；再将其代入式（8-1）进行回归。Pagan（1984）[228]指出这种回归方法的主要缺陷在于所产生的回归因子问题，即式（8-2）的回归方程有可能是无效的。基于这个原因，本章将采用第二种方法，即将方程（8-2）直接代入式（8-1），该方法称为一步法。

$$Lev_{i,t} = \varphi Lev_{i,t-1} + \pi X_{i,t} + \nu_{i,t} \qquad (8-3)$$

其中：$\varphi = 1 - \lambda_i$，$\pi = \lambda_i \beta$。这里，本章参照文献 Aydin（2001）[229]，将 $\nu_{i,t}$ 看作包含单个公司固定效应的单边误差项，即 $\nu_{i,t} = \alpha_i + e_{i,t}$。其中 α_i 代表公司固定效应，它能解释未被观察到的公司特征变量，如公司管理能力、行业竞争强度等。而 $e_{i,t}$ 为误差项，具有 0 均值和常方差。

采用方程（8-3）可以同时估计短期动态系数 φ 和长期动态系

数 $\hat{\beta} = \dfrac{\hat{\pi}}{1-\varphi}$。这样可以规避两步法带来的预测误差。$Lev_{i,t-1}$项的回归系数（$1-\lambda_i$）表明将上期债务调整为本期目标债务的调整成本；公司资本结构滞后一期的系数越小，资本结构调整速度越快。

8.3.2 研究设计

1. 样本数据

本章搜集我国2006—2013年剔除金融保险业2442家上市公司大约2535名CEO（总经理、执行总裁、总裁）和2685名CFO（财务总监）数据，其中既是CEO也是CFO的有30名，并进行以下数据数理：①剔除研究当年股票名称冠有ST、*ST和PT的公司，这类公司财务数据处于异常状态，已经没有持续经营的能力，或者已经连续两年（ST公司）或两年以上（*ST公司）处于亏损状态，或面临退市风险（带*号的公司），或暂停上市（PT公司）；②剔除当年IPO的上市公司；③剔除销售收入和总资产为0或者为负数的样本；④剔除样本期内出现负债率小于0的观测值；⑤在公司变量与管理者层面变量中剔除缺失值；⑥剔除三个被解释变量滞后一期缺失样本观测，共采集2006—2013年期间样本1923家上市公司、2479名CEO和2615名CFO（其中CEO兼CFO的管理者19位），共12823个观测值；⑦建模数据再对主要变量进行了五倍标准差异常值剔除。所有公司数据和公司治理数据都来自CSMAR和《中国统计年鉴》（2001—2014年），其中管理者部分个人特征数据来自手工整理，其余通过SAS编程处理。建模数据最终共采集2006—2013年样本1893家上市公司、2404名CEO和2535名CFO（其中CEO兼CFO的管理者19位），共12165个观测值。

本章研究的是管理者之前的职业经历如何影响公司资本结构，因此样本数据不含早期职业经历不详细以及早期就职的公司缺失的管理者。

2. 变量定义（见表8-1）

表8-1 变量描述及公式

		变量（变量名）	变量描述及公式
被解释变量		资本结构（Tlev）	总负债/总资产
解释变量		前一期资本结构（$Tlev_{t-1}$）	前一年的总负债/前一年的总资产
		职业困境经历——现金流危机（ProfExp1）	管理者曾经在经营现金流排名最低10%公司工作过为1，否则为0
		职业困境经历——融资约束特强（ProFExp2）	根据Hadlock和Pierce（2010）[130]，在最高10%融资约束公司工作过为1，其余为0
		职业困境经历——股票收益特低（ProfExp3）	管理者曾经在股票收益排名前10%层次公司工作过为1，其他为0
		职业困境经历——复合指数1（ProfExp4）	以上三个职业经历变量的最大值为1，最小值为0
		职业困境经历——复合指数2（ProfExp5）	以上三种职业经历变量相加，越大表示经历得越多
控制变量	管理者层面	MBA学位（MBAdeg）	如果管理者具有MBA学位为1，其余为0
		教育背景（EduBackgrd）	管理者具有海外留学经历取值为1，否则取值为0
		性别（Gender）	管理者为男性则取值为1，女性取值为0
		年龄（Mage）	描述统计取年龄，实证采用年龄的自然对数
		任期（Tenure）	管理者在本公司任职期限
		管理层过度自信（Moverconfidence）	参见高登云（2013）[107]用管理层持股数变化测度，以某公司年末管理层持股数－年初持股数，该值大于0，表明管理层过度自信；反之，则信心不足

续表

		变量（变量名）	变量描述及公式
控制变量	公司层面	公司治理（Governance）	从激励机制和监督机制两方面选取相应变量，进行因子分析，综合得分作为公司治理结构度量指标
		成长能力（Growth）	总资产增长率；稳健性检验采用成长机会（Tobin's Q）
		公司规模（SIZE）	总营业收入消除通胀因素后的自然对数，稳健性检验规模用消除通胀因素后的总资产自然对数
		盈利能力（ROA）	总资产收益率：净利润/总资产
		有形资产（Tang）	（固定资产+存货）/总资产
		非债务税盾（Dep）	固定资产折旧/总资产
		产权性质（NPR）	国有企业为1，非国有企业为0
	年度哑变量（Year）		属于该年度为1，否则为0
	行业（Ind）		锐思数据库行业分类

①本章资本结构（TLev）变量：同前面章节。

②被解释变量：见表6-1，即同第6章。

③控制变量：

管理者层面——具体见表8-1，同前面章节。

公司层面——具体见表8-1，同前面章节。

8.3.3 实证结果分析

1. 变量描述统计（见表8-2）

表8-2 主要变量描述统计

面板A：公司层面变量

变量	N	均值	中位数	最小值	最大值	标准差	偏度	峰度
Tlev	12823	0.664	0.499	0.007	877.256	10.984	79.317	6327.53
Governance	12823	0.048	0.020	-1.270	3.750	0.385	1.234	7.130

续表

面板 A：公司层面变量

变量	N	均值	中位数	最小值	最大值	标准差	偏度	峰度
SIZE	12823	19.440	19.369	9.563	27.043	1.555	0.037	2.526
Growth	12823	0.967	0.113	-1.000	3741.24	46.970	78.829	6272.29
ROA	12823	-0.295	0.038	-2146.16	2.810	26.808	-80.060	6408.76
Tang	12823	0.442	0.439	0	0.971	0.185	0.036	-0.483
Dep	12823	0.262	0.228	0	0.971	0.184	0.749	0.058
NPR	12823	0.544	1	0	1	0.498	-0.178	-1.969

面板 B：管理者层面变量

变量	N	均值	中位数	最小值	最大值	标准差	偏度	峰度
ProfExp1	12823	0.103	0	0	1	0.305	2.604	4.781
ProfExp2	12823	0.108	0	0	1	0.311	2.518	4.342
ProfExp3	12823	0.102	0	0	1	0.302	2.635	4.942
ProfExp4	12823	0.265	0	0	1	0.442	1.063	-0.870
ProfExp5	12823	0.314	0	0	3	0.569	1.835	3.255
Mage	12823	45.130	45	27	70	6.502	0.248	-0.209
Gender	12823	0.827	1	0	1	0.378	-1.730	0.994
Tenure	12823	1.172	1	0	1	1.414	2.506	10.729
EduBackgrd	12823	0.012	1	0	1	0.111	8.785	75.187
MBAdeg	12823	0.035	0	0	1	0.183	5.098	23.991
Moverconfidence	12823	0.293	0	0	1	0.455	0.911	-1.169

样本描述统计与前几章基本一致，这里不再重复。

2. CEO 阅历与公司资本结构调整速度

这一部分将分别采用动态面板 OLS 回归方法对方程（8-3）进行回归分析。并分析公司资本结构的短期动态调整（包含 $Tlev_{t-1}$ 项）与长期动态调整（不含 $Tlev_{t-1}$ 项）的差异，以及主要的影响因素。

表 8-3　资本结构动态调整采用动态面板 OLS 回归方法的回归结果

面板 A：短期动态调整

职业经历测度指标	ProfExp1	ProfExp2	ProfExp3	ProfExp4	ProfExp5
模型	(1)	(2)	(3)	(4)	(5)
$ProfExp$	0.027*	-0.005	-0.012	0.010	0.004
$Tlev_{t-1}$	0.739***	0.736***	0.741***	0.738***	0.739***
$Governance$	0.299***	0.298***	0.303***	0.292***	0.294***
$Moverconfidence$	0.009	0.006	0.009	0.011	0.008
$ProfExp \times Governance$	0.042	0.093*	-0.007	0.047*	0.033
$ProfExp \times Moverconfidence$	-0.016	0.022	-0.003	-0.011	-0.001
$Tlev_{t-1} \times Governance$	-0.719***	-0.723***	-0.717***	-0.721***	-0.721***
$Tlev_{t-1} \times Moverconfidence$	-0.045	-0.045	-0.046	-0.044	-0.045
$Growth$	-0.016***	-0.016***	-0.016***	-0.016***	-0.016***
$SIZE$	0.028***	0.025***	0.028***	0.026***	0.027***
ROA	-0.786***	-0.786***	-0.790***	-0.786***	-0.786***
$Tang$	0.121***	0.131***	0.130***	0.128***	0.128***
Dep	-0.098***	-0.110***	-0.110***	-0.108***	-0.107***
NPR	0.007	0.007	0.007	0.008	0.008
$CEO\ Mage$	-0.008	-0.009	-0.008	-0.010	-0.010
$CEO\ Gender$	0.001	0.001	0.001	0.001	0.001
$CEO\ Tenure$	0.001	0.001	0.001	0.001	0.001
$CEO\ MBAdeg$	0.008	0.006	0.009	0.007	0.007
年份	控制	控制	控制	控制	控制
行业	控制	控制	控制	控制	控制
调整速度	0.261	0.264	0.259	0.262	0.261
N（Observations）	12697	12697	12697	12697	12697
R^2	0.7524	0.7525	0.7522	0.7524	0.7523

	面板 B：长期动态调整				
职业经历测度指标	$ProfExp1$	$ProfExp2$	$ProfExp3$	$ProfExp4$	$ProfExp5$
模型	（1）	（2）	（3）	（4）	（5）
$ProfExp$	0.079**	0.102***	0.007	0.075***	0.053***
$Governance$	-0.123***	-0.147***	-0.131***	-0.152***	-0.144***
$Moverconfidence$	-0.032*	-0.037**	-0.036***	-0.031**	-0.039**
$ProfExp \times Governance$	-0.087	0.169**	0.007	0.075*	0.036
$ProfExp \times Moverconfidence$	-0.019	0.048**	0.032	-0.008	0.016
$Growth$	0.0003	0.0003	0.0003	-0.0001	0.0003
$SIZE$	0.006	-0.012	0.004	-0.003	-0.002
ROA	-0.495	-0.488	-0.503	-0.484	-0.483
$Tang$	0.188***	0.217***	0.210***	0.193***	0.189***
Dep	-0.037	-0.074	-0.070	-0.045	-0.040
NPR	-0.024***	-0.023***	-0.024***	-0.023***	-0.024***
$Mage$	-0.040	-0.054	-0.044	-0.047	-0.050
$Gender$	0.009	0.009	0.010	0.009	0.008
$Tenure$	0.0004	-0.001	0.0005	0.0002	0.00002
$MBAdeg$	0.016	0.006	0.018	0.011	0.010
年份	控制	控制	控制	控制	控制
行业	控制	控制	控制	控制	控制
N（$Observations$）	12697	12697	12697	12697	12697
R^2	0.0526	0.0566	0.0511	0.0548	0.0546

总体而言，采用动态面板 OLS 回归方法的结果相对可靠，其调整的 R^2 分别为 0.7524、0.7525、0.7522、0.7524、0.7523。采用这种方法估算出来的资本结构调整速度分别为 26.1%、26.4%、25.9%、26.2%、26.1%（动态面板回归）；相对应的调整半周期分别为 2.69 年、2.66 年、2.70 年、2.68 年和 2.69 年（动态面板回归）。这一数据比其他学者如何靖（2010）、连玉君和钟经樊

(2007)，以及闵亮和沈悦（2011）所估算的资本结构调整速度要慢。

从资本结构短期调整的其他因素来看，三个职业经历（现金流危机、融资约束特强和股票收益特低）和两个复合指标只有经历过现金流危机与资本结构的回归系数是显著的正相关，说明只有现金流危机经历对资本结构影响是向上调整的，融资约束特强和股票收益特低经历对资本结构调整是不显著的负相关；公司治理结构越完善，短期资本结构向上调整；公司的成长机会（Growth）与资本结构显著负关系，正如 Myers（1977）[8]所指出的高成长公司为缓解公司投资不足问题而采用相对低的资本结构；公司规模系数显著为正，大公司面临较小的破产风险，代理成本和交易成本较低，能够更容易地发行债权；公司的盈利能力与资本结构显著负相关，这与啄序理论［Myers 和 Majluf（1984）[14]］和动态权衡理论［Strebulaev（2007）[181]］相一致；资产有形性系数显著为正，这符合权衡资本结构理论，即公司有形资产越多，可以减少资产替代问题并减少代理成本；非债务税盾的回归系数显著为负，也符合权衡理论。但是管理层过度自信和企业性质对资本结构短期调整的影响并不显著。表8-3面板A的回归结果基本合理并与权衡资本结构理论大体一致。

接下来，将分析表8-3面板B的回归结果。面板B估算的是管理者特质、公司特征变量、管理者其他个人特征、管理层过度自信与资本结构调整的长期关系。从表8-3面板B的回归结果来看：三个职业经历（现金流危机、融资约束特强和股票收益特低）和两个复合指标与资本结构之间回归系数均是正相关，除了经历过股票收益特低的系数不显著外，其余均是显著的，即管理者现金流危机和融资约束特低的经历对公司长期资本结构具有向上调整作用，而股票收益特低经历对其长期资本结构调整影响却不显著。根据面板OLS回归结果，资本结构与公司治理和管理层过度自信则呈现显著的负关系，即公司治理越完善、管理层过度自信的公司的负债率较低，经历融资约束特低的管理者所在公司治理结构越完善、管理层过度自信对其具有正向约束作用。其余变量中只有资产有形性和企业性质系数是显著的。资产有形性显著为正，这符合权衡资本结构理论，即公司有形资产越多，可以减少资产替代问题并减少代理成本。企业性质与资本结构在动态面板回归中呈现负相关，即私企具有较高的负债率。

8.3.4 稳健性检验

为验证回归结果的稳健性，本章接下来分别采用 ROE 和 $Tobin's\ Q$ 来代替 ROA 和 $Growth$，检验它们对于公司资本结构的短期与长期调整的影响。

由于篇幅的原因，本章略去稳健性检验的实证结果。

8.4 本章小结

本章研究管理者特质与资本结构调整速度之间的关系。采用动态面板 OLS 回归方法进行回归分析。并分析公司资本结构的短期动态调整（包含 $Tlev_{t-1}$ 项）与长期动态调整（不含 $Tlev_{t-1}$ 项）的差异，以及主要的影响因素。

本章首先采用动态面板回归方法对样本进行回归，采用这种方法估算出来的资本结构调整速度分别为 26.1%、26.4%、25.9%、26.2%、26.1%；相对应的调整半周期分别为 2.69 年、2.66 年、2.70 年、2.68 年和 2.69 年。从资本结构短期调整的其他因素来看，只有现金流危机经历对资本结构影响是向上调整的，管理者其余职业经历对短期资本结构调整的影响并不显著；公司治理结构越完善，短期资本结构向上调整；成长机会、盈利能力与啄序理论和动态权衡理论相一致，资产有形性符合权衡理论。从长期动态调整结果来看，管理者现金流危机和融资约束特低的经历对公司长期资本结构具有向上调整作用,而股票收益特低经历对其长期资本结构调整影响却不显著,公司有形资产越多,可以减少资产替代问题并减少代理成本,私企具有较高的负债率。

上述研究的缺陷在于它假设公司是按照相同的速率向同一目标资本结构调整,而现实并非如此。因此后期研究可考虑采用 Hansen 的非线性面板阈值回归模型研究资本结构的动态调整,该模型的好处在于并不需要武断地对样本进行分割,而将各转移变量内生化到模型当中。同时,允许公司有不同的短期资本结构调整速度,并可向不同的长期目标资本结构进行调整。

第 9 章　研究结论与展望

本章概括管理者生活经历、职业经历与特质对公司资本结构的影响结论，以及研究存在的不足，进而展望未来的研究方向。

9.1　研究结论

本章首先在归纳分析上市公司管理者特征与阅历的基础上，实证检验了管理者特质对上市公司资本结构、债务期限选择的影响；其次在此基础上，研究了管理者特质（早期困难生活经历与从军经历、教育背景、职业困境经历以及高管胜任力识别）对债务期限结构的影响机理；最后，探讨了基于管理者特质对公司资本结构选择及动态调整的影响。同时，基于公司治理和管理层过度自信差异的视角，对比分析了管理者特质对融资决策影响的差异，主要结论如下。

1. 管理者早期生活经历与公司资本结构决策

①具有困难生活经历的 CEO 偏向较低的短期负债率，而偏好较高的长期负债率、长期借款比率；但没有证据支持 CEO 困难生活经历对总负债率、短期借款比率有显著影响。说明早期经历过困难生活的管理者在风险资本市场比其他管理者更保守。

公司成长能力越强、规模越大、盈利能力越差、有形资产比重越高、非债务税盾越高、国企的长期负债率和长期借款比率越高。

CEO 年龄越小，越偏好高的长期负债率和长期借款比率。

但没有证据支持具有困难生活经历的 CFO 对公司资本结构、债务期限有影响。

②没有证据说明 CEO 的从军经历对资本结构有显著影响。但公司治理越完善，对有从军经历 CEO 所在公司长期负债率具有负向作用，而对其所在公司短期借款比率具有正向作用。

不管是否有 CEO 约束，具有从军经历 CFO 所在公司偏好较低的总负债率、短期负债率、长期负债率和长期借款比率，较高的短期借款比率；CFO 年龄越小、CFO 为女性偏好高的长期借款比率。

2. 管理者教育背景与公司资本结构决策

①管理者教育背景方面，CEO 文化程度越高、具有 MBA 学历管理者（CEO 和 CFO），其所在公司总负债率越高；CEO 具有 MBA 学历，其所在公司短期负债率越高；管理者（CEO 和 CFO）文化程度越高、CEO 具有海外教育背景，其所在公司长期负债率越高。

在 CEO 教育背景约束下，CFO 文化程度越低，其所在公司短期负债率越高；CFO 文化程度越高，其所在公司长期负债率越高；没有证据支持 CFO 是否具有海外教育背景、CFO 文化程度和 CFO 是否具有 MBA 学历与总负债率显著相关。

②公司层面上，公司治理结构越差、公司规模越大、盈利能力越差、有形资产比重越高、非债务税盾越低和管理层自信心不足的公司，总负债率和短期负债率水平更高；公司治理结构越差、公司规模越大和非债务税盾越高，公司长期负债率越高；就产权性质而言，民营企业短期负债率高于国有企业短期负债率，民营企业长期负债率高于国有企业长期负债率。

③管理者层面上，管理层越不自信，总负债率越高；在 CEO 个人特征约束下，CFO 年龄越小、任期越短，其所在公司总负债率越高；男性 CFO、年龄越小、任期越短，其所在公司短期负债率越高。

3. 管理者职业经历与公司资本结构决策

选取 2006—2013 年上市公司为样本，基于我国特定的制度背景，从管理者困境职业经历视角，研究公司融资决策，这里融资决策主要是指公司资本结构。实证结果发现经历过现金流危机的管理者（CEO 和 CFO）偏好持有更高的总负债率；经历过股票收益特低和融资约束特强的管理者（CEO）所在公司依然处于较低的短期负债率水平；经历过现金流危机、融资约束特强和股票收益特低的 CEO 偏好更高的长期负债率水平。

资本结构三个主要构成成分（短期借款比率、长期借款比率和有息负债比率）实证结果：经历过现金流危机 CEO 偏好持有较高的短长期借款比率和有息负债比率；经历过融资约束特强的 CEO 偏向较低的短期借款比率和有息负债比率、较高的长期借款比率；经历过股票收益特低的 CEO 偏好较高的长期借款比率，但没有证据支持经历过股票收益特低的 CEO 所在公司短期借款比率也较低、经历过股票收益特低 CEO 偏向持有较低有息负债比率。

在公司治理约束下，经历过现金流危机的 CEO 所在公司治理结构越完善，有息负债比率越高；经历过融资约束特强 CEO 所在公司治理结构越完善，总负债率、短期负债率、长期负债率、短期借款比率和有息借款比率越高；经历过股票收益特低的 CEO 所在公司治理结构越完善，总负债率和有息负债比率越高。

在管理层过度自信约束下，经历过现金流危机的 CEO 所在公司如果管理者过度自信，则其长期负债率、长期借款比率越高；经历过融资约束特强的 CEO 所在公司如果管理层过度自信，则其总负债率和短期负债率越高；经历过股票收益特低的 CEO 所在公司如果管理层过度自信，则其长期借款比率越低；但没有证据支持管理层过度自信对经历过现金流危机、经历过融资约束特强和经历过股票收益特低的 CEO 有约束或者推动作用。

从公司层面控制变量的回归结果看出，公司规模越大、有形资产比重越高,公司总负债率、短长期负债率、短长期借款比率和有息负债比率越高。另外,公司治理、盈利能力、非债务税盾、产权性质和管理层过度自信对不同期限债务比率影响有差异。

管理者层面上,经历过股票收益特低的具有 MBA 学历 CEO、CFO 任期越短、在 CEO 约束下 CFO 年龄越小偏向持有较高的总负债率。

在 CEO 约束下经历过融资约束特强和股票收益特低的 CFO,其所在公司治理结构越完善总负债率越高,即完善的公司治理结构对其总负债率具有正向作用。

4. 高管胜任力识别与公司资本结构

尝试对我国上市公司高管进行"胜任力相貌"与真实胜任力关系研究,采用准实验设计方法,以七个小实验、2000 多名受试者,研究高管的面部特征感知与胜任力的关系。将高管与非高管照片配对分析,发现看似更具有吸引力和亲和力受试者的高管比率高于非高管。将大小公司高管照片配对分析,发现大公司高管看起来更具有胜任力、亲和力和吸引力。通过受试者对高管面部特征感知进行数值评分,发现高管薪酬、业绩、产权性质和公司资本结构与这些感知的"胜任力"评级相关。成熟脸孔高管有更高"胜任力"分值。研究结果可为高管人才培养、选拔等提供有益参考。

5. 四维感知与资本结构关系实证结论

①看起来更具有"胜任力""诚信度"的高管所在公司总负债率越低,但没有证据支持"亲和力"和"吸引力"与公司总负债率之间存在显著关系。

②看起来越具有"胜任力""诚信度""亲和力"和"吸引力"的有前任的高管所在公司总负债率越高,"胜任力"评级推断其所在公司总负债率较高是显著的。

③无前任高管样本实证结论正好与有前任高管样本实证结论相反,即看起来越具有"胜任力""诚信度""亲和力"和"吸引力"

的高管所在公司总负债率越低，也即"胜任力"评级推断其所在公司总负债率较低也是显著的。

④不管是否具有前任高管还是全样本，公司规模越大、盈利能力越差、有形资产比重越高、非债务税盾比重越低以及高管不持股，公司总负债率越高；而公司治理越差、私企的全样本和有前任高管所在公司总负债率越高，没有前任高管国企的总负债率高于私企的总负债率，但并没有证据支持无前任高管所在公司治理越完善总负债率越高。

6. 基于管理者特质的公司资本结构动态调整

本章首先采用动态面板回归方法对样本进行回归，采用这种方法估算出来的三种职业经历以及两个复合指标对资本结构调整速度分别为26.1%、26.4%、25.9%、26.2%、26.1%；相对应的调整半周期分别为2.69年、2.66年、2.70年、2.68年和2.69年。从资本结构短期调整的其他因素来看，只有现金流危机经历对资本结构影响是向上调整的，管理者其余职业经历对短期资本结构调整的影响并不显著；公司治理结构越完善，短期资本结构向上调整；成长机会、盈利能力与啄序理论和动态权衡理论相一致，资产有形性符合权衡理论。从长期动态调整结果来看，管理者现金流危机和融资约束特低的经历对公司长期资本结构具向上调整作用，而股票收益特低经历对其长期资本结构调整的影响却不显著，公司有形资产越多，可以减少资产替代问题并减少代理成本，长期资本结构调整看出私企具有较高的负债率。

9.2 政策建议

从本书的实证分析结果中可以得到以下八点启示。

①从管理者职业经历与公司资本结构决策的关系实证结果中可以看出，管理者早期困境职业经历对公司资本结构决策具有重要影

响。因此，公司应该通过把握管理者职业经历来提升或降低公司总负债率以及债务期限结构，做到既可以预防资金危机，又能够降低企业机会成本，使资金得到最大化利用，促进公司更好发展。同时应完善公司治理结构，减少管理者个人的主观因素对企业经营的影响，从而使企业经营走上健康良性的发展轨道。

②管理者职业经历与公司资本结构决策的关系实证结果，为我国企业选择管理者、预防危机提供了参考。成长能力越弱、规模越小以及盈利能力越弱的企业，其抗风险能力较差，应选择秉持谨慎作风的管理者，降低企业经营风险。反之成长能力越强、规模越大以及盈利能力越强的企业可以选择大胆敢拼的管理者，以便能够更好地抓住稍纵即逝的机会，带领企业走向下一个胜利。

③改善中小微企业、创业企业等的经营环境，疏通其融资渠道，更好地满足它们对资金的需求，从而降低其经营成本，帮助其更好发展。创业企业、中小微企业承载着创业者和众多准备创业者的梦想，这些企业如果能够茁壮成长起来，可以激励更多有梦想的人们更加积极地追求自己的中国梦。

④加强金融市场化改革，公平对待国有企业和私有企业，保障私企在银行贷款方面的"国民待遇"，大力发展民营经济。

⑤加深证券市场管理制度改革，使得股票收益的变化能够真正反映企业的经营状况，更加理性，以更好地保护投资者利益。

⑥加快企业管理人才市场化建设，尽快形成比较成熟的职业经理人市场，让企业高管更加充分地接受市场竞争洗礼，以便增强其自身的职业素养和人格修养，增强其经营管理能力和预测风险的理性分析能力，而不是凭借非理性的感知能力。同时深化国有企业改革，特别是深化国企高管的职业化改革，提高国有企业管理者的经营管理能力和国有企业的资源利用效率。

⑦加强企业诚信建设。改革开放以来，特别是21世纪以来，中国经济发展迅速。但不可回避的一个事实是，伴随着经济高速增长的是社会诚信度在快速下滑，企业也未能例外，"苏丹红""毒牛

奶"等一些事件的发生，突破了人们的道德底线，让人们对企业家的道德修养产生怀疑。这也是受试者不认同企业高管的诚信的原因所在。"人无信不立"，没有诚信的企业是没有前途的。为了使经济更好地发展，企业的发展是最大的推动力。因此，重拾企业的诚信刻不容缓。政府应加强对企业监管，促使企业合法经营，避免那种为了企业利润而罔顾消费者及利益相关者的利益甚至生命健康的恶性事件发生，对导致类似事件的责任者必须严厉制裁，绝不姑息。只有让企业高管意识到，一旦发生这样的事件，其犯罪的代价是他们所支付不起的，才能使他们悬崖勒马。企业和企业家们也应加强自律，不能为图一时之利而自毁前程。社会各界都应对此类事件做到零容忍。

⑧加快企业管理人才市场化建设，尽快形成比较成熟的职业经理人市场，让更有企业经营管理能力的人才进入企业高层管理团队，也让企业高管更加充分地接受市场竞争洗礼，以便增强其自身的职业素养和人格修养。同时深化国有企业改革，特别是深化国企高管的职业化改革，提高国有企业管理者的经营管理能力。

9.3 研究不足与展望

基于公司融资决策的管理者特质效应存在复杂的作用机制，未来的研究可能有以下五个方面尚待改进。

①构建理论模型：

本书利用上市公司的数据，以逻辑演绎的方式，提出管理者特质对公司资本结构决策行为影响的逻辑推断，从微观上提供了管理者特质对公司融资决策影响的经验证据。将来的研究应该着眼于理论模型的构建，进一步探究管理者特质与公司融资行为之间的具体作用机理。

②管理者特质方面：

一是困难生活经历管理者界定：本书定义 1960 年之前出生的管理者视为经历过困难生活，这个出生年份界定仍待商榷；可根据我国特殊国情，研究管理者下乡知青经历对于公司融资决策是否具有一定影响；管理者只考虑 CEO 和 CFO，从军经历者（CEO 和 CFO）观测值偏少，可再考虑其他高层管理者，如董事长。

二是职业困境经历时间窗口界定：由于数据收集的客观性，定义 2001—2013 年为研究的时间窗口，未考虑 2001 年以前具有困境职业经历者，这是本书不足部分；困境职业经历还可考虑是否经历过货币紧缩政策和破产经历等可能会影响公司资本结构的因素，这也是未来研究方向之一。

三是教育背景部分：可以考虑控制不同的文化区域底蕴对于融资决策的影响，考虑管理者是否具有经济会计专业，是否具有经济师以及高级经济师资格等，管理者尤其是 CFO 是否有财务经历与审计经历，研究这些与经营管理职位密切相关的教育背景对公司资本结构的影响。

四是关于特质推理：采用特质推理方式研究管理者胜任力部分，由于管理者照片获取的限制，不一定是当年管理者照片；配对受限以及受试者受限可能对结论造成一些偏差。

管理者特质不仅包括本书的早期生活经历、教育背景、职业困境经历、脸部特征感知、过度自信等特质，还包括管理者个人区域文化背景、个人家庭婚姻状况、管理者个人动态特质推理、公司文化、管理层持股比例以及管理层团队特征的公司融资决策效应等，在后续的研究中，将补充这些因素对融资决策的影响。

③关于资本结构调整速度：

资本结构调整速度作为公司管理的内生变量受到诸多因素的影响，如公司非时变因素的特质，如 Lemmon 等（2008）[85]的研究认为，公司初始负债率对未来资本结构有显著的影响，而本书并未对此问题做过多分析。本书的研究结论证实了上市公司资本结构调整速度存在管理者特质差异,因此资本结构调整速度影响因素的管理者特质差异分析将是进一步研究方向。

④关于融资决策:

本书仅研究管理者特质如何影响公司资本结构的目标结构以及动态调整,而对融资方式和顺序未做进一步研究,这是未来研究方向之一。

⑤关于动态资本结构调整:

模型设定方面采用 Flannery 和 Rangan (2006)[180]提出的资本结构部分调整模型。但是该方法存在一个严重的局限,就是模型假设公司按照统一速率向同一目标资本结构进行对称调整。引入交乘项来体现资本结构的非对称调整。但是,这种方法的缺陷在于人为地、外生地对管理者的职业经历、教育背景等进行划分,这种做法不够科学,不能严格地说明对变量划分的合理性以及其作用机理。管理者有些特质如职业经历与公司资本结构均具有时变特征,后期研究可以考虑采用动态面板阈值(PTR)方法进行实证分析,以弥补这些方法的不足。

网络调查问卷

1. 以下六组含：

（1）高管与非高管配对实验、大公司高管与小公司高管配对实验

（2）基于高管面部特征感知的四个维度评分

第一组：

请点击链接开始填写问卷，填完提交即可。

（1）面部特征问卷调查（A组）http：//www.diaochapai.com/survey758898

（2）上市公司高管面部特征问卷调查（A组）http：//www.diaochapai.com/survey759199

第二组：

请点击链接开始填写问卷，填完提交即可。

（1）面部特征问卷调查（B组）http：//www.diaochapai.com/survey763457

（2）上市公司高管面部特征问卷调查（B组）http：//www.diaochapai.com/survey762265

第三组：

请点击链接开始填写问卷，填完提交即可。

（1）面部特征问卷调查（C组）http：//www.diaochapai.com/survey763490

（2）上市公司高管面部特征问卷调查（C组）http：//www.diaochapai.com/survey762266

第四组：

请点击链接开始填写问卷，填完提交即可。

（1）面部特征问卷调查（A1组）：http：//www.diaochapai.com/survey764435

（2）上市公司高管面部特征问卷调查（A1组）：http：//www.diaochapai.com/survey764470

第五组：

请点击链接开始填写问卷，填完提交即可。

（1）面部特征问卷调查（B1组）：http：//www.diaochapai.com/survey764428

（2）上市公司高管面部特征问卷调查（B1组）：http：//www.diaochapai.com/survey764488

第六组：

请点击链接开始填写问卷，填完提交即可。

（1）面部特征问卷调查（C1组）：http：//www.diaochapai.com/survey764447

（2）上市公司高管面部特征问卷调查（C1组）：http：//www.diaochapai.com/survey764513

2. 以下六组含：

（1）美貌与能力

（2）娃娃脸特征

随机填写一组。请点击链接开始填写问卷，填完提交即可。

第一组

（1）上市公司高管面部特征问卷调查（美貌与能力：A组）http：//www.diaochapai.com/survey846899

（2）面部特征问卷调查（娃娃脸特征：A组）http：//www.diaochapai.com/survey821159

第二组：

（1）上市公司高管面部特征问卷调查（美貌与能力：B组）

http：//www. diaochapai. com/survey846901

（2）面部特征问卷调查（娃娃脸特征：B 组）http：//www. diaochapai. com/survey822345

第三组：

（1）上市公司高管面部特征问卷调查（美貌与能力：C 组）http：//www. diaochapai. com/survey846912

（2）面部特征问卷调查（娃娃脸特征：C 组）http：//www. diaochapai. com/survey822989

第四组：

（1）上市公司高管面部特征问卷调查（美貌与能力：A1 组）http：//www. diaochapai. com/survey846903

（2）面部特征问卷调查（娃娃脸特征：A1 组）http：//www. diaochapai. com/survey846908

第五组：

（1）上市公司高管面部特征问卷调查（美貌与能力：B1 组）http：//www. diaochapai. com/survey846904

（2）面部特征问卷调查（娃娃脸特征：B1 组）http：//www. diaochapai. com/survey824095

第六组：

（1）上市公司高管面部特征问卷调查（美貌与能力：C1 组）http：//www. diaochapai. com/survey846913

（2）面部特征问卷调查（娃娃脸特征：C1 组）http：//www. diaochapai. com/survey824598

参考文献

[1] MODIGLIANI F, MILLER M H. The cost of capital, corporation Finance and the theory of investment [J]. American Economic Review, 1958, 48 (3): 261 – 297.

[2] HEATON J B. Managerial optimism and corporate finance [J]. Financial Management, 2002, 31 (2): 33 – 45.

[3] MODIGLIANI F, MILLER M H. Corporate income taxes and the cost of capital: A correction [J]. American Economic Review, 1963, 53 (3): 433 – 443.

[4] MILLER M H. Debt and taxes [J]. Journal of Finance, 1977, 32 (2): 261 – 275.

[5] AUERBACH A J, KING M A. Taxation, portfolio choice, and debt – equity ratios: A general equilibrium model [J]. Quarterly Journal of Economics, 1983, 98: 587 – 609.

[6] SMITH A. An Inquiry into the nature and causes of the wealth of nations [M]. New York: Oxford University Press, 1776.

[7] JENSEN M C, MECKLING W H. Theory of the firm: managerial behavior, agency costs and ownership structure [J]. Journal of Financial Economics, 1976, 3 (4): 305 – 360.

[8] MYERS S C. Determinants of corporate borrowing [J]. Journal of Financial Economics, 1977, 5 (2): 147 – 175.

[9] ROZEFF M S. Growth, beta and agency costs as determinants of dividend payout ratios [J]. Journal of Financial Research, 1982, 5

(3): 249-259.

[10] FAMA E F, JENSEN M C. Separation of ownership and control [J]. Journal of Law and Economics, 1983, 26: 301-325.

[11] JENSEN M C. Agency costs of free cash flow, corporate finance, and takeovers [J]. American Economic Review, 1986, 76 (2): 323-329.

[12] PORTA L P, LOPEZ-DE-SILANES F, SHLEIFER A, et al. Agency problems and dividend policies around the world [J]. Journal of Finance, 2000, 55 (1): 1-33.

[13] MYERS S C. The capital structure puzzle [J]. Journal of Finance, 1984, 39 (3): 575-592.

[14] MYERS S C, MAJLUF N S. Corporate financing and investment decisions when firms have information the investors do not have [J]. Journal of Financial Economics, 1984 (13): 187-221.

[15] STEIN J C. Rational capital budgeting in an irrational world [J]. Journal of Business, 1996, 69 (4): 429-455.

[16] GILOVICH T, GRIFFIN D W, KAHNEMAN D. Heuristics and Biases: The Psychology of Intuitive Judgment [M]. Cambridge: Cambridge University Press, 2002.

[17] KAHNEMAN D, TVERSKY A. Choices, Values and Frames [M]. Cambridge: Cambridge University Press, 2000.

[18] VON NEUMANN J, MORGENSTERN O. Theory of Games and Economic Behavior [M]. Princeton: Princeton University Press, 1944.

[19] SAVAGE L J. The Foundations of Statistics [M]. New York: John Wiley and Sons, 1954.

[20] KALNEMAN D, TVERSKY A. Prospect theory: an analysis of decision under risk [J]. Econometrica, 1979, 47 (2): 263-292.

[21] SHIFRIN H. Behavioral corporate finance [J]. Journal of Applied Corporate Finance, 2001, 14 (3): 113-126.

[22] MILLER D T, ROSS M. Self-serving biases in the attribution of causality: Fact or fiction? [J]. Psychological Bulletin, 1975, 82 (2): 213-225.

[23] LARWOOD L, WHITTAKER W. Managerial myopia: Self-serving biases in organizational planning [J]. Journal of Applied Psychology, 1977, 62 (2): 194-198.

[24] SVENSON O. Are we all less risky and more skillful than our fellow drivers? [J]. Acta Psychologica, 1981, 47 (2): 143-148.

[25] ALICKE M D. Global self-evaluation as determined by the desirability and controllability of trait adjectives [J]. Journal of Personality and Social Psychology, 1985, 49 (6): 1621-1630.

[26] MARCH J G, SHAPIRA Z. Managerial perspectives on risk and risk taking [J]. Management Science, 1987, 33 (11): 1404-1418.

[27] WEINSTEIN N. Unrealistic optimism about future life events [J]. Journal of Personality and Social Psychology, 1980, 39 (5): 806-820.

[28] CAMERER C F, LOVALLO D. Overconfidence and excess entry: An experimental approach [J]. American Economic Review, 1999, 89: 306-318.

[29] FORBES D P. Are some entrepreneurs more overconfident than others? [J]. Journal of Business Venturing, 2005, 20 (5): 623-640

[30] KOELLINGER P, MINNITI M, SCHADE C. I think I can, I think I can: Overconfidence and entrepreneurial behavior [J]. Journal of Economic Psychology, 2007, 28 (4): 502-527.

[31] LAMBERT R A, LARCKER D F, VERRECCHIA R E. Portfolio considerations in valuing executive compensation [J]. Journal of Accounting Research, 1991, 29 (1): 129-149.

[32] MALMENDIER U, TATE G. CEO overconfidence and corporate investment [J]. Journal of Finance, 2005a, 60 (6): 2661 - 2700.

[33] BROWN R M, SARMA N. CEO overconfidence, CEO dominance and corporate acquisitions [J]. Journal of Economics and Business, 2007, 59 (5): 358 -379.

[34] LIN Y H, HU S Y, CHEN M S. Managerial optimism and corporate investment: Some empirical evidence from Taiwan [J]. Pacific - Basin Finance Journal, 2005, 13 (5): 523 -546.

[35] HACKBARTH D. Determinants of corporate borrowing: A behavioral perspective [J]. Journal of Corporate Finance, 2009, 15 (4): 389 -411.

[36] DOUKAS J, PETMEZAS D. Acquisitions, overconfident managers and self - attribution Bias [J]. European Financial Management, 2007, 13 (3): 531 -577.

[37] MALMENDIER U, TATE G. Does overconfidence affect corporate investment? CEO overconfidence measures revisited [J]. European Financial Management, 2005b, 11 (5): 649 -659.

[38] BEN - DAVID I, GRAHAM J R, HARVEY C R. Managerial overconfidence and corporate policies [R]. Working paper, Duke University, 2006.

[39] LUCAS A B D C B, ALEXANDRE D M D S. Overconfidence, managerial optimism and the determinants of capital structure [J]. Revista Brasileira de Finanças, 2008, 6 (3): 293 -335.

[40] MALMENDIER U, TATE G. Who makes acquisitions? CEO overconfidence and the market's reaction [J]. Journal of Financial Economics, 2007, 89 (1): 20 -43.

[41] SANTOS R L, DA SILVERIRA A D M. Board interlocking in Brazil: Director's participation in multiple companies and its effect on the

value of firms [J]. Revista Brasileira de Finanças, 2007, 5 (2): 125 - 163.

[42] FAZZARI S M, HUBBARD R G, PETERSON B C. Financing constraints and corporate investment [J]. Brookings Papers on Economic Activity, 1998, 19 (1): 141 - 206.

[43] MALMENDIER U, TATE G A, YAN J. Corporate financial policies with overconfident managers [R]. SSRN Working Paper, 2007.

[44] GRAHAM J R. How big are the tax benefits of debt? [J]. Journal of Finance, 2000, 55 (5): 1901 - 1941.

[45] HACKBARTH D. Managerial traits and capital structure decisions [J]. Journal of Financial and Quantitative Analysis, 2008, 43 (4): 843 - 881.

[46] 余明桂, 夏新平, 邹振松. 管理者过度自信与企业激进负债行为 [J]. 管理世界, 2006 (8): 104 - 112, 125.

[47] 唐蓓. 行为公司金融理论视角下的中国上市公司并购投融资行为研究 [D]. 济南: 山东大学, 2009.

[48] 黄莲琴. 管理者过度自信与公司融资行为研究 [D]. 厦门: 厦门大学, 2009.

[49] 宋献中, 田立军. 控制权和现金流分离、财务杠杆与企业投资行为 [J]. 经济与管理研究, 2010 (11): 81 - 87.

[50] 李占雷, 高俊山. 管理者过度自信与公司资本结构决策 [J]. 开发研究, 2007 (6): 152 - 154.

[51] 姜付秀, 张敏, 陆正飞, 等. 管理者过度自信、企业扩张与财务困境 [J]. 经济研究, 2009 (1): 131 - 143.

[52] 江伟、黎文靖. 董事会独立性、管理者过度自信与资本结构决策 [J]. 山西财经大学学报, 2009, 31 (9): 64 - 70.

[53] 易露霞, 岳凯, 胡衰载. 基于过度自信的企业融资决策分析 [J]. 统计与决策, 2011 (17): 72 - 74.

[54] 余明桂, 李文贵, 潘红波. 管理者过度自信与企业风险

承担［J］. 金融研究, 2013（1）: 149 – 163.

［55］CAMPELLO M, GIAMBONA E, GRAHAM J R, et al. Liquidity management and corporate investment during a financial crisis［J］. Review of Financial Studies, 2011, 24（6）: 1944 – 1979.

［56］HUANG J, KISGEN D. Gender and corporate: Are male executives overconfident relative to female executives?［J］. Journal of Financial Economics, 2013, 108（3）: 822 – 839.

［57］BEN – DAVID I, GRAHAM J R, HARVEY C R. Managerial miscalibration［J］. Quarterly Journal of Economics, 2013, 128（4）: 1547 – 1584.

［58］AGGARWAL R K, SAMWICK A A. The other side of the trade – off: The impact of risk on executive compensation［J］. Journal of Political Economy, 1999: 107（1）, 65 – 105.

［59］DATTA S, MAI I D, RRMAN K. Executive compensation and corporate acquisition decisions［J］. Journal of Finance, 2001, 56（6）: 2299 – 2336.

［60］SELODY K. Is the risk worth the reward for top female executives?［R］. Working paper, 2010.

［61］MALMENDIER U M, PEZONE V, ZHENG H. Managerial duties and managerial biases［R］. University of California at Berkeley Working Paper, 2012.

［62］MALMENDIER U, TATE G, YAN J. Overconfidence and early – life experiences: The effect of managerial traits on corporate financial policies［J］. Journal of Finance, 2011, 66（5）: 1687 – 1733.

［63］DITTMAR A, DUCHIN R. Looking in the rearview mirror: the effect of managers' professional experience on corporate financial policy［J］. Review of Financial studies, 2016, 29（3）: 565 – 602.

［64］刘元秀, 胡援成, 吴飞. 管理者职业经历影响公司现金持有吗: 来自我国沪深两市 2006—2013 年经验证据［J］. 经济管

理，2016（7）：133 – 146.

［65］NISBETT R，ROSS L. Human inference：strategies and shortcomings of social judgment［J］. Journal of Social and Biological Systems，1982，5（2）：200 – 202.

［66］HERTWIG R，BARRON G，WEBER E，et al. Decisions from experience and the effect of rare events in risky choice［J］. Psychological Science，2004，15（8）：534 – 539.

［67］HERTWIG R，EREV I. The description – experience gap in risky choice［J］. Trends in Cognitive Sciences，2009，13（12）：517 – 523.

［68］HERTWIG R. The psychology and rationality of decisions from experience［J］. Synthese，2012，187：269 – 292.

［69］李延喜，郑春艳，包世泽，等. 权衡理论与优序融资理论的解释力研究：来自中国上市公司的经验证据［J］. 管理学报，2007（1）：108 – 113.

［70］姜付秀，黄继承. CEO 财务经历与资本结构决策［J］. 会计研究，2013（5）：27 – 34，95.

［71］陈克兢，李延喜，冯宝军，等. 管理者认知异质性、资本结构与税收效应［J］. 系统工程理论与实践，2013，33（9）：2239 – 2248.

［72］张亮亮，李强，黄国良. 管理者 MBA 教育与公司资本结构决策关系研究：基于沪深 A 股上市公司的实证检验［J］. 经济与管理研究，2014（2）：14 – 22.

［73］孙谦，石松. 管理者个人偏好对企业资本结构的影响［J］. 当代经济科学，2015，37（5）：78 – 88，127.

［74］李雪欣，夏天. 管理防御对资本结构的影响［J］. 经济与管理研究，2016，37（9）：137 – 144.

［75］SIMON H A. A behavioral model of rational choice［J］. Quarterly Journal of Economics，1955，69（1）：99 – 118.

[76] LUNDEBERG M A, FOX P W, PUNCOCHAR J. Highly confident, but wrong: Gender differences and similarities in confidence judgments [J]. Journal of Educational Psychology, 1994, 86 (1): 114 – 121.

[77] BEYER S. Gender differences in the accuracy of self – evaluations of performance [J]. Journal of Personality and Social Psychology, 1990, 59 (5): 960 – 970.

[78] BARBER B M, ODEAN T. Boys will be boys: gender, overconfidence and common stock investment [J]. Quarterly Journal of Economics, 2001, 116 (1): 261 – 292.

[79] PENG W Q, WEI K C J. Women executives and corporate investment: Evidence from the S&P 1500 [R]. 2007 China International Conference in Finance, 2007: 1 – 48.

[80] TAYLOR S E, BROWN J D. Illusion and well – being: A social psychological perspective on mental health [J]. Psychological Bulletion, 1998, 103 (2): 193 – 210.

[81] BHANDARI G, DEAVES R. The demographics of overconfidence [J]. Journal of Behavioral Finance, 2006, 7 (1): 5 – 11.

[82] THALER R H, JOHNSON E J. Gambling with the house money and trying to break even: the effects of prior outcomes on risky choice [J]. Management Science, 1990, 36 (6): 643 – 660.

[83] GERVAIS S, ODEAN T. Learning to be overconfident [J]. Review of Financial Studies, 2001, 14 (1): 1 – 27.

[84] DEAVES R, LÜDERS E, SCHRÖDER M. The dynamics of overconfidence: Evidence from stock market forecasters [J]. Journal of Economic Behavior & Organization, 2010, 75 (3): 402 – 412.

[85] LEMMON M L, ROBERTS M R, ZENDER J F. Back to the beginning: Persistence and the cross – sectional of corporate capital structure [J]. Journal of Finance, 2008, 63 (4): 1575 – 1608.

[86] GRAHAM J R, HARVEY C R, PURI M. A corporate beauty contest [J]. Management Science, 2017, 63 (9): 3044 – 3056.

[87] ELDER G H. Children of the Great Depression: Social Change in Life Experience [M]. Boulder: Westview Press, 1998.

[88] GRAHAM J R, NARASIMHAN K. Corporate survival and managerial experiences during the great depression [R]. Working paper of Duke University, 2004.

[89] SCHOAR A. CEO careers and style [R]. Working paper of MIT, 2007.

[90] MALMENDIER U, NAGEL S. Depression babies: Do macroeconomic experiences affect risk – taking? [J]. Quarterly Journal of Economics, 2011, 126 (1): 373 – 416.

[91] ELDER G H. Military times and turning points in men's lives [J]. Developmental Psychology, 1986, 22 (2): 233 – 245.

[92] ELDER G H, CLIPP E C. Combat experience and emotional health: Impairment and resilience in later life [J]. Journal of Personality, 1989, 57 (2): 311 – 341.

[93] ELDER G H, GIMBEL C, LVIE R. Turning points in life: The case of military service and war [J]. Military Psychology, 1991, 3 (4): 215 – 231.

[94] KAHNEMAN D, TVERSKY A. Prospect Theory: An Analysis of Decision under Risk [J]. Econometrica, 1979, 47 (2): 263 – 291.

[95] TVERSKY A, CRAIG R F. Weighing risk and uncertainty [J]. Psychological Review, 1995, 102 (2): 269 – 283.

[96] KAHNEMAN D, KNETSCH J L, THALER R H. Anomalies: The endowment effect, loss aversion, and status quo bias [J]. The Journal of Economic Perspectives, 1991, 5 (1): 193 – 206.

[97] WEBER E, BLAIS A, BETZ N. A domain – specific risk at-

titude scale: Measuring risk perceptions and risk behaviors [J]. Journal of Behavioral Decision Making, 2002, 15: 263 – 290.

[98] DENRELL J, MARCH J G. Adaptation as information restriction: The hot stove effect [J]. Organization Science, 2001, 12 (5): 523 – 538.

[99] KAUSTIA M, KNÜPFER S. Do investors overweight personal experience? evidence from IPO subscriptions [J]. Journal of Finance, 2008, 63 (6): 2679 – 2702.

[100] CHIANG Y – M, HIRSHLEIFER D A, QIAN Y M, et al. Do Investors learn from experience? evidence from frequent IPO investors [J]. Review of Financial Studies, 2011, 24 (5): 1560 – 1589.

[101] MARSH J R. Learning to be risk averse [J]. Psychology Review, 1996, 103 (2): 309 – 319.

[102] DENRELL J. Adaptive Learning and risk taking [J]. Psychology Review, 2007, 114 (1): 177 – 187.

[103] 周开国, 徐亿卉. 中国上市公司的资本结构是否稳定 [J]. 世界经济, 2012 (5): 106 – 120.

[104] TITMAN S, WESSELS R. The determinants of capital structure choice [J]. Journal of Finance, 1988, 43 (1): 1 – 19.

[105] RAJAN R G, ZINGALES L. What do we know about capital structure? Some evidence from international data [J]. Journal of Finance, 1995, 50 (5): 1421 – 1460.

[106] FAMA E F, FRENCH K R. Testing trade – off and pecking order predictions about dividends and debt [J]. Review of financial studies, 2002, 15 (1): 1 – 33.

[107] 高登云. 管理者过度自信、现金流量与投资决策 [J]. 中国证券期货, 2013 (8): 78 – 79.

[108] 贾明琪, 罗浩, 辛江龙. CEO 背景特征对资本结构决策的影响: 资本结构动态调整视角的实证分析 [J]. 科学决策, 2015

(8): 1-15.

[109] 白重恩,刘俏,陆洲,等. 中国上市公司治理结构的实证研究 [J]. 经济研究,2005,40 (2): 81-91.

[110] 张会丽,陆正飞. 现金分布、公司治理与过度投资：基于我国上市公司及其子公司的现金持有状况的考察 [J]. 管理世界,2012 (3): 141-150,188.

[111] 方红星,金玉娜. 公司治理、内部控制与非效率投资：理论分析与经验证据 [J]. 会计研究,2013 (7): 63-69,98.

[112] 连玉君,彭方平,苏治. 融资约束与流动性管理行为 [J]. 金融研究,2010,364 (10): 158-171.

[113] 由丽萍,董文博,裴夏璇. 中小企业高管教育背景与 R&D 投资决策：基于深市上市公司的实证研究 [J]. 科技进步与对策,2013,30 (4): 95-98.

[114] HAMBRICK D C, MASON P A. Upper echelons: The organization as a reflection of its top managers [J]. Academy of Management Review. 1984, 9 (2): 193-206.

[115] WALLY S, BAUM J R. Personal and structural determinants of the pace of strategic decision making [J]. Academy of Management Journal. 1994, 37 (4): 932-956.

[116] BAKER M P, WURGLER J A. Market timing and capital structure [J]. Journal of Finance, 2002, 57 (1): 1-32.

[117] LIU X D. Cultural Origins and CEO Incentive Contracts [R]. Working Paper, 2013.

[118] 文芳,胡玉明. 中国上市公司高管个人特征与 R&D 投资 [J]. 管理评论,2009 (11): 84-91,128.

[119] 陈守明,简涛,王朝霞. CEO 任期与 R&D 强度：年龄和教育层次的影响 [J]. 科学学与科学技术管理,2011,32 (6): 159-165.

[120] VISSING-JORGENSEN A. Perspectives on behavioral fi-

nance: Does "irrationality" disappear with wealth? Evidence from expectations and actions [J]. NBER Macroeconomics Annual, 2003, 18: 200 - 207.

[121] GREENWOOD R, NAGEL S. Inexperienced investors and bubbles [J]. Journal of Financial Economics, 2009, 93 (2): 239 - 258.

[122] MALMENDIER U, NAGEL S. Learning from inflation experiences [J]. Quarterly Journal of Economics, 2016, 131 (1): 53 - 87.

[123] ALMEIDA H, CAMPELLO M, Weisbach M. The cash flow sensitivity of cash [J]. Journal of Finance, 2004, 59 (4): 1777 - 1804.

[124] FAULKENDER M W, WANG R. Corporate financial policy and the value of cash [J]. Journal of Finance, 2006, 61 (4): 1957 - 1990.

[125] CRONQVIST H, MAKHIJA A K, YONKER S E. Behavioral consistency in corporate finance: CEO personal and corporate leverage [J]. Journal of Financial Economics, 2012, 103 (1): 20 - 40.

[126] BERTRAND M, SCHOAR A. Managing with style: The effect of managers on firm policies [J]. Quarterly Journal of Economics, 2003, 118 (4): 1169 - 1208.

[127] FRANK M Z, GOYAL V K. Corporate leverage: How much do managers really matter? [J]. SSRN Electronic Publishing, 2007.

[128] ROLL R. The hubris hypothesis of corporate takeovers [J]. Journal of Business, 1986, 59 (2): 197 - 216.

[129] 栾天虹, 吴晓勇. 管理者过度自信与投资现金流敏感性 [J]. 浙江社会科学, 2014 (10): 4 - 15.

[130] HADLOCK C J, PIERCE J R. New evidence on measuring financial constraints: Moving beyond the KZ index [J]. Review of Fi-

nancial Studies, 2010, 23 (5): 1909 – 1940.

[131] 赖斯, 贾德. 社会与人格心理学研究方法手册 [M]. 张建新, 等译. 北京: 中国人民大学出版社, 2011.

[132] DARWIN C. 人类和动物的表情 [M]. 周邦立, 译. 北京: 科学出版社, 1958.

[133] MARTIN D S. Person perception and real – life electoral behavior [J]. Australian Journal of Psychology, 1978, 30 (3): 255 – 262.

[134] LAWSON C, LENZ G S. Looking like a president: Appearance and electability among Mexican candidates [R]. Unpublished manuscript, Department of political science, Massachusetts Institute of Technology, 2007.

[135] BALLEW C C, TODOROV A. Predicting political elections from rapid and unreflective face judgments [J]. Proccedings of the National Academy of Sciences of the USA, 2007, 104 (46): 17948 – 17953.

[136] HALL, C C, GOREN A, CHAIKEN S, et al. Shallow cues with deep effects: Trait judgments from faces and voting decisions [M]. New York: Oxford University Press, 2009.

[137] DUARTE J, SIEGEL S, YOUNG L, et al. Trust and credit: The role of appearance in peer – to – peer lending [J]. Review of Financial Studies, 2012, 25 (8): 2455 – 2484.

[138] PAREEK A, ZUCKERMAN R. Trust and Investment Management: The Effects of Manager Trustworthiness on Hedge Fund Investments [R]. AFA 2012 Chicago Meetings Paper, 2013.

[139] 朱新秤, 焦书兰. 国外关于自发特质推理的研究综述 [J]. 心理学动态, 1998, 6 (3): 29 – 32.

[140] MCNEILL D. The face: A Natural History [M]. Boston: Back Bay Books, 1998: 165 – 169.

［141］KEATING C F. Gender and the physiognomy of dominance and attractiveness［J］. Social Psychology Quarterly, 1985, 48 (1): 61 – 70.

［142］RHODES G, HICKFORD C, JEFFERY L. Sex – typicality and attractiveness: Are supermale and superfemale faces super – attractive?［J］. British Journal of Psychology, 2000, 91: 125 – 140.

［143］ZEBROWITZ L A, MONTEPARE J M. Appearance DOES matter［J］. Science, 2005, 308 (5728): 1565 – 1566.

［144］FINK B, NEAVE N, MANNING J T, et al. Facial symmetry and judgements of attractiveness, health and personality［J］. Personality and Individual Differences, 2006, 41 (3): 491 – 499.

［145］BERRY D S, McARTHUR L Z. Some components and consequences of a "babyface"［J］. Journal of Personality and Social Psychology, 1985, 48 (2): 312 – 323.

［146］ZEBROWITZ L A, TENENBAUM D R, GOLDSTEIN L H. The impact of job applicants'facial maturity, gender, and academic achievement on hiring recommendations［J］. Journal of Applied Social Psychology, 1991, 21 (7): 525 – 548.

［147］ZEBROWITZ L A, OLSON K, HOFFMAN K. Stability of babyfaceness and attractiveness across the life span［J］. Journal of Personality and Social Psychology, 1993, 64 (3): 453 – 466.

［148］ZEBROWITZ L A, MONTEPARE J M. Impressions of baby-faced individuals across the life span.［J］. Developmental Psychology, 1992, 28 (6): 1143 – 1152.

［149］POUTVAARA P, JORDAHL H, BERGGREN N. Faces of politicians: Babyfacedness predicts inferred competence but not electoral success［J］. Journal of Experimental Social Psychology, 2009, 45 (5): 1132 – 1135.

［150］TRICHAS S, SCHYNS B. The face of leadership: Perceiving leaders from facial expression [J]. Leadership Quarterly, 2012, 23 (3): 545 – 566.

[151] HAMERMESH D S, BIDDLE J E. Beauty and the labor market [J]. American Economic Review, 1994, 84 (5): 1174 – 1194.

[152] MOBIUS M M, ROSENBLAT T S. Why beauty matters [J]. American Economic Review, 2006, 96 (1): 222 – 235.

[153] BIDDLE J E, HAMERMESH D S. Beauty, productivity, and discrimination: Lawyers' looks and lucre [J]. Journal of Labor Economics, 1998 (16): 1, 172 – 201.

[154] RAVINA E. Love & loans: The effect of beauty and personal characteristics in credit markets [R]. Working Paper, New York University, 2008.

[155] AHN S C, HOONLEE Y L. Beauty and Productivity: The case of the ladies professional golf association [J]. Contemporary Economic Policy, 2014, 32 (1): 155 – 168.

[156] RULE N O, AMBADY N. The face of success: Inferences from chief executive officers' appearance predict company profits [J]. Psychological Science, 2008, 19 (2): 109 – 111.

[157] GRAHAM J R, HARVEY C R, PURI M. A corporate beauty contest [R]. National Bureau of Economic Research, 2010.

[158] 闫秀梅, 王美芳. 大学生自发特质推理的实验研究 [J]. 心理学探新, 2010, 30 (6): 58 – 62.

[159] 杨昭宁, 侯书伟. 基于候选人面孔的特质推理与投票决策 [J]. 心理科学进展, 2011, 19 (7): 1047 – 1053.

[160] 仲继银. 董事会与公司治理 [M]. 北京: 中国发展出版社, 2009: 137 – 139.

[161] 李增泉. 激励机制与企业绩效: 一项基于上市公司的实证研究 [J]. 会计研究, 2000 (1): 24 – 30.

[162] 魏刚. 高级管理层激励与上市公司经营绩效 [J]. 经济研究, 2000 (3): 32-39, 64, 80.

[163] 方军雄. 我国上市公司高管的薪酬存在黏性吗? [J]. 经济研究, 2009 (3): 110-124.

[164] 方军雄. 高管超额薪酬与公司治理决策 [J]. 管理世界, 2012 (11): 144-155.

[165] 陈震. 高管层级差报酬的成因和后果 [J]. 南方经济, 2006 (3): 59-69.

[166] 卢锐. 管理层权力、薪酬差距与绩效 [J]. 南方经济, 2007 (7): 60-70.

[167] 辛清泉, 林斌, 王彦超. 政府控制、经理薪酬与资本投资 [J]. 经济研究, 2007 (8): 110-122.

[168] 王克敏, 王志超. 高管控制权、报酬与盈余管理: 基于中国上市公司的实证研究 [J]. 管理世界, 2007 (7): 111-119.

[169] 辛清泉, 谭伟强. 市场化改革、企业业绩与国有企业经理薪酬 [J]. 经济研究, 2009 (11): 68-81.

[170] SHEN W, RICHARD J G, HENRY J. The impact of pay on CEO turnover: a test of two perspectives [J]. Journal of Business Research, 2010: 63 (7): 729-734.

[171] WANG X. Increased disclosure requirements and corporate governance decisions: Evidence from chief financial officers in the pre- and post-Sarbanes-Oxley periods [J]. Journal of Accounting Research, 2010, 48 (4): 885-920.

[172] 方军雄. 高管权力与企业薪酬变动的非对称性 [J]. 经济研究, 2011 (4): 107-120.

[173] 吴联生, 林景艺, 王亚平. 薪酬外部公平性、股权性质与公司业绩 [J]. 管理世界, 2010 (3): 117-126, 188.

[174] FISCHER E O, HEINKEL R, ZECHNER J. Dynamic capital structure choice: Theory and tests [J]. Journal of Finance, 1989,

44 (1): 19 – 40.

[175] GRAHAM J R, HARVEY C R. The theory and practice of corporate finance: Evidence from the field [J]. Journal of financial economics, 2001, 60 (2): 187 – 243.

[176] ROBERTS M R. The dynamics of capital structure: An empirical analysis of a partially observable system [R]. Working Paper, Duke University, 2002.

[177] FRYDENBERG S. A dynamic model of corporate capital structure [J]. SSRN Electronic Journal, 2003.

[178] GOLDSTEIN R, JU N J, LELAND H. An EBIT – based model of dynamic capital structure [J]. Journal of Business, 2001, 74 (4): 483 – 512.

[179] LEARY M T, ROBERTS M R. Do firms rebalance their capital structures? [J]. Journal of Finance, 2005, 60 (6): 2575 – 2619.

[180] FLANNERY M J, RANGAN K P. Partial adjustment toward target capital structures [J]. Journal of Financial Economics, 2006, 79 (3): 469 – 506.

[181] STREBULAEV I A. Do tests of capital structure theory mean what they say? [J]. Journal of Finance, 2007, 62 (4): 1747 – 1787.

[182] 陆正飞, 高强. 中国上市公司融资行为研究: 基于问卷调查的分析 [J]. 会计研究, 2003 (10): 16 – 24.

[183] 孔爱国, 薛光煜. 中国上市公司资本结构调整能力的实证研究 [J]. 复旦学报（社会科学版）, 2005 (4): 39 – 46.

[184] 童勇. 中国上市公司资本结构研究 [D]. 上海: 复旦大学, 2006.

[185] 丁培嵘, 郭鹏飞. 基于行业均值的公司资本结构动态调整 [J]. 系统工程理论方法应用, 2005 (5): 454 – 457.

[186] QIAN Y, TIAN Y, WIRJANTO T S. Do Chinese publicly listed companies adjust their capital structure toward a target level? [J].

China Economic Review, 2009, 20 (4): 662 - 676.

[187] 姜付秀, 黄继承. 市场化进程与资本结构动态调整 [J]. 管理世界, 2011 (3): 124 - 134, 167.

[188] WARR R S, ELLIOTT W B, KOËTER - KANT J, et al. Equity Mispricing and Leverage Adjustment Costs [J]. Journal of Financial and Quantitative Analysis, 2012, 47 (3): 589 - 616.

[189] 王志强, 洪艺珣. 中国上市公司资本结构的长期动态调整 [J]. 会计研究, 2009 (6): 50 - 57.

[190] JALILVAND A, HARRIS R S. Corporate behavior in adjusting to capital structure and dividend targets: An econometric study [J]. Journal of Finance, 1984, 39 (1): 127 - 145.

[191] RAJBHANDARY A. Capital structure of firms in developing countries: Results for india [R]. Unpublished Manuscript, 1997.

[192] 王皓, 赵俊. 资本结构动态调整模型: 沪深股市的实证分析 [J]. 经济科学, 2004 (3): 4 - 62.

[193] BANERJEE H, HESHMATI A, WIHLBORG C. The dynamics of capital structure [R]. Stockolm school of economics working paper series in economics and finance, 2000.

[194] HACKBARTH D, MOAO J J, MORELLEC E. Capital structure, credit risk, and macroeconomic conditions [J]. Journal of Financial Economics, 2006, 82 (3): 519 - 550.

[195] KORAJCZYK R A, LEVY A. Capital structure choice: macroeconomic conditions and financial constraints [J]. Journal of Financial Economics, 2003, 68 (1): 75 - 109.

[196] 李国重. 中国上市公司资本结构的动态目标调整: 制度特征导向 [J]. 会计研究, 2006 (12): 68 - 75, 96.

[197] 原毅军, 孙晓华. 宏观经济要素与企业资本结构的动态优化 [J]. 经济与管理研究, 2006 (5): 39 - 42.

[198] DELCOURE N. The determinants of capital structure in tran-

sitional economies [J]. International Review of Economics & Finance, 2007, 16 (3): 400 – 415.

[199] 苏冬蔚, 曾海舰. 宏观经济因素与公司资本结构变动 [J]. 经济研究, 2009 (12): 52 – 65.

[200] 马巾英. 宏观经济因素对我国农业上市公司资本结构影响的实证分析 [J]. 经济地理, 2011, 31 (1): 140 – 143.

[201] 闵亮, 沈悦. 宏观冲击下的资本结构动态调整: 基于融资约束的差异性分析 [J]. 中国工业经济, 2011 (5): 109 – 118.

[202] FAN J, GUO X-M, MARINOVA D, et al. Embedded carbon footprint of Chinese urban households: structure and changes [J]. Journal of Cleaner Production, 2012, 33 (9): 50 – 59.

[203] 于蔚, 金祥荣, 钱彦敏. 宏观冲击、融资约束与公司资本结构动态调整 [J]. 世界经济, 2012 (3): 24 – 47.

[204] 黄继承, 朱冰, 向东. 法律环境与资本结构动态调整 [J]. 管理世界, 2014 (5): 142 – 156.

[205] 宋献中, 吴一能, 宁吉安. 货币政策、企业成长性与资本结构动态调整 [J]. 国际金融研究, 2014 (11): 46 – 55.

[206] 潜力, 胡援成. 经济周期、融资约束与资本结构的非线性调整 [J]. 世界经济, 2015 (12): 135 – 157.

[207] PITTMAN J A, KLASSEN K J. The influence of firm maturation on firms' rate of adjustment to their optimal capital structures [J]. Journal of the American Taxation Association, 2001, 23 (s1): 70 – 94.

[208] BYOUN S. Capital structure adjustments in the presence of adjustment costs [R]. 2005 Midwest Finance Association Annual Meeting, 2005.

[209] HESHMATI A. The dynamics of capital structure: Evidence from Swedish micro and Small firms [J]. Research in Banking and Finance, 2001, 2 (1): 199 – 241.

[210] TUCKER J, STOJA E. Long and short-run capital structure dynamics in the UK: an industry level study [R]. SSRN Working Paper, 2007.

[211] 姜付秀, 屈耀辉, 陆正飞, 等. 产品市场竞争与资本结构动态调整 [J]. 经济研究, 2008 (4): 99-110.

[212] COOK D O, TANG T. Macroeconomic conditions and capital structure adjustment speed [J]. Journal of Corporate Finance, 2010, 16 (1): 73-87.

[213] 黄继承, 姜付秀. 产品市场竞争与资本结构调整速度 [J]. 世界经济, 2015 (7): 99-119.

[214] 盛明泉, 张春强, 王烨. 高管股权激励与资本结构动态调整 [J]. 会计研究, 2016 (2): 44-50, 95.

[215] 张娟, 李虎, 王兵. 审计师选择、信号传递和资本结构优化调整: 基于中国上市公司的实证分析 [J]. 审计与经济研究, 2010, 25 (5): 33-39.

[216] 张亮亮, 黄国良. 管理者超额薪酬与资本结构动态调整 [J]. 财贸研究, 2013 (5): 148-156.

[217] 申毅. 管理者过度自信与资本结构动态调整 [J]. 上海经济研究, 2013 (10): 35-48.

[218] 王化成, 高升好, 张伟华. 行为金融与资本结构动态调整: 基于损失规避视角的探讨 [J]. 财贸经济, 2013 (10): 26, 49-58.

[219] 张亮亮, 黄国良, 李强. 高管变更与资本结构变动关系研究: 基于管理防御的视角 [J]. 软科学, 2014, 28 (3): 51-55.

[220] 张海龙, 姚冰湜. 经理管理防御对公司资本结构调整速度的非对称性影响研究: 来自我国制造业上市公司的经验证据 [J]. 管理评论, 2014, 30 (9): 149-159.

[221] 童勇. 资本结构的动态调整和影响因素 [J], 财经研究, 2004, 30 (10): 96-104.

[222] 肖作平. 资本结构影响因素和双向效应动态模型: 来自中国上市公司面板数据的证据 [J]. 会计研究, 2004 (2): 6-41.

[223] 连玉君, 钟经樊. 中国上市公司资本结构调整机制研究 [J]. 南方经济, 2007 (1): 23-38.

[224] 屈耀辉. 中国上市公司资本结构的调整速度及其影响因素: 基于不平行面板数据的经验分析 [J]. 会计研究, 2006 (6): 56-62.

[225] 王正位, 赵冬青, 朱武祥. 资本市场摩擦与资本结构调整: 来自中国上市公司的证据 [J]. 金融研究, 2007 (6): 109-119.

[226] 周业安, 程栩, 郭杰. 高管背景特征与资本结构动态调整: 国际比较与中国经验 [J]. 经济理论与经济管理, 2012 (11): 11-22.

[227] SHYAM-SUNDER L S, MYERS C S. Testing static tradeoff against pecking order models of capital structure [J]. Journal of financial economics, 1999, 51 (2): 219-244.

[228] PAGAN B. Econometric issues in the analysis of regressions with generated regressors [J]. International Economic Review, 1984, 25 (1): 183-209.

[229] AYDIN O. Determinants of capital structure and adjustment to long run target: Evidence from UK company panel data [J]. Journal of Business Finance & Accounting, 2001, 28 (1/2): 175-198.